KB218783

# theWARofART

the WAR of ART

Copyright ⓒ 2002 by Steven Pressfield
All rights reserved.
Korean language edition ⓒ 2025 by HumanComedy Publishing Co.
Korean translation rights arranged with the author.

이 책의 한국어판 저작권은 저자와의 독점 계약으로 인간희극이 소유합니다.
저작권법에 의하여 한국 내에서 보호를 받는 저작물이므로 무단전재와 무단복제를 금합니다.

스티븐 프레스필드 지음 송은혜 옮김

# 더피어오르기위한전쟁

인간희극

*for*

BERNAY
버네이에게

# { CONTENTS }

**＊ 일러두기**

이 책의 각주는 모두 역자의 것이다.

스티븐 프레스필드는 나를 위해 이 책을 썼다. 물론 당신을 위해 쓴 책이기도 하겠지만, 나는 그가 특별히 나를 위해 이 책을 썼다고 확신한다. 왜냐하면 나는 '미루기' 종목의 올림픽 기록을 보유한 사람이기 때문이다. 나는 미루기 습관에 대해 고민하는 것조차 미룰 수 있는 사람이다. 심지어 미루기 습관에 대해 고민하는 문제를 고민하는 일마저 미

# 서문

*by 로버트 맥키* Robert McKee

현대적인 스토리텔링 기법의 최고 권위자로, 할리우드 작가·감독들이 가장 존경하는 '스토리 구루'다. 픽사, 디즈니, 넷플릭스를 비롯한 세계적 스튜디오와 수천 명의 작가들이 그의 강의를 듣고 배웠다. 그의 저서 『로버트 맥키의 스토리』는 영화·드라마·소설 등 모든 내러티브 창작 분야의 필독서로 자리잡았다.

룰 수 있는 사람이다. 그런 나에게 프레스필드는 교묘하게도 마감 기한을 정해 이 서문을 써달라고 부탁했다. 그렇게 하면 내가 미루고 미루

다가도 결국에는 마지못해 이 일을 하게 될 것임을 알았기 때문이다. 더 이상 미룰 수 없는 순간이 오자 나는 결국 그렇게 했고, 1부 '적 바로 알기' 넘겨보며 죄책감 어린 눈으로 나 자신을 마주했다. 그러나 2부에서는 문제를 해결할 전투 계획을 발견했고, 3부에서는 승리의 비전을 보았다. 책을 덮을 즈음에는 긍정적인 평온함이 찾아왔다. 이제 이 전쟁에서 내

가 승리할 수 있음을 알았기 때문이다. 내가 할 수 있다면 여러분도 할 수 있다.

1부의 서두에서 프레스필드는 창의력의 적을 '저항Resistance'이라고 명명한다. 이는 프로이트가 '죽음의 본능Death Wish'이라고 부른 것을 확장한 포괄적인 용어로, 스스로나 타인에게 진정으로 유익하지만 어렵고도 시간이 오래 걸리는 일을 하려 할 때마다 인간 본성 안에서 솟아오르는 파괴적인 힘을 의미한다. 그는 이어서 '저항'의 다양한 형태를 마치 범죄자 명단처럼 눈앞에 제시한다. 우리는 이 모든 모습을 쉽게 알아볼 수 있다. 왜냐하면 이러한 힘은 자기 파괴, 자기 기만, 자기 부패의 형태로 우리 모두의 내면에 존재하기 때문이다. 저항은 작가들에게는 '글 막힘' 현상으로 나타난다. 그리고 이 마비 증상은 종종 끔찍한 행동을 초래하기도 한다.

몇 년 전 나는 인도의 오래된 하수구처럼 꽉 막힌 상태였다. 그래서 내가 뭘 했을까? 나는 느닷없이 집에 있는 모든 옷을 입어보기로 했다. 내가 얼마나 이 작업에 몰두했냐면 내가 가진 모든 셔츠, 바지, 스웨터, 재킷, 양말까지 하나하나 전부 입어보며 봄, 여름, 가을, 겨울, 그리고 자선단체 기부용으로 분류했다. 그러고 나서는 그 모든 옷을 다시 한 번 입어보며 이번에는 봄 캐주얼, 봄 포멀, 여름 캐주얼… 이런 식으로 또 분류했다. 꼬박 이틀에 걸쳐 이 작업을 하면서 나는 스스로가 미쳐가고 있다고 생각했다. 글 막힘을 어떻게 극복할 수 있는지 알고 싶은가? 정신과를 찾아가는 게 아니다. 프레스필드가 현명하게 지적했듯이, '도움'을 구하는 것은 저항이 가장 교묘하게 우리를 속이는 방법이다. 해답은 2부에 있다. 바로 '프로가 되는 법'이다.

『배거 밴스의 전설The Legend of Bagger Vance』을 쓴 스티븐 프레스필드는 진정한 프로다. 내가 이 사실을 아는 이유는 그에게 골프 한 번 치자고 할 때마다 그가 유혹을 뿌리치고 거절한 적이 많기 때문이다. 이유를 묻자 그는 "일하고 있기 때문이다"라고만 답했다. 일을 미루고 싶은 순간 골프보다 더 아름답고 악독한 핑계는 없다는 것을 작가들은 잘 안다. 다시 말해, 그것은 '저항'이다. 스티브는 강철보다 더 단단한 자기 절제력을 가진 사람이다.

나는 유럽을 여행하는 동안 그가 쓴 『불의 문Gates of Fire』*과 『전쟁의 흥망성쇠Tides of War』을 연속해서 읽었다. 확실히 말해둘 것

---

* 영화 『300』의 원작소설

은 내가 쉽게 우는 남자는 아니라는 사실이다. 어렸을 때『붉은 망아지<sup>Red Pony</sup>』*를 읽은 이후로 책을 읽다가 눈물을 흘린 적이 없었는데, 스티브의 책들은 나를 사로잡고 말았다. 유럽의 카페에 앉아, 서구 문명을 개척하고 구원하기 위해 아낌없이 자신을 희생한 고대 그리스인들의 용기에 감동받아 눈물을 참아보려 애쓰는 나 자신을 발견했던 것이다. 그리고 그의 매끄러운 문장 뒤에 숨겨진 깊이 있는 연구, 인간 본성과 사회에 대한 통찰, 그리고 세밀하고 생동감 넘치는 묘사를 느끼며 그것을 가능하게 한 그 모든 작업, 끝없는 작업, 경이로운 창작의 토대를 쌓아올린 그 방대한 노력 앞에 경외감을 느꼈다. 나는 이 감탄이 나만의 것이 아님을 알고 있다. 런던에서 그의 책들을 샀을 때, 옥스포드의 역사 교수들이 학생들에게 이렇게 말한다는 이야기를 들었다. "고대 그리스인들의 삶을 피부로 느껴보고 싶다면 프레스필드를 읽어라."

예술가는 이런 힘을 어떻게 얻는가? 2부에서 프레스필드는 프로가 매일 실천하는 일들을 단계적으로 설명한다. 그 단계 속에는 준비, 질서, 인내, 끈기, 그리고 두려움과 실패 앞에서도 '행동하기'가 포함되며 어떤 핑계도, 헛소리도 허용되지 않

---

* 존 스타인벡의 소설

는다. 무엇보다도 프로는 시작과 마무리, 그리고 언제나, 작업을 위한 기술을 연마하는 데 집중한다는 스티브의 통찰은 정말 훌륭하다.

3부 '더 높은 경지'에서는 프로가 묵묵히 작업에 임할 때 얻을 수 있는 숭고한 열매인 '영감'에 대해 다룬다. 프레스필드는 이렇게 말한다. "우리가 매일 작업을 시작하면 어떤 힘이 우리를 둘러싸기 시작한다... 우리는 마치 쇳가루를 끌어당기는 자석처럼 된다. 아이디어가 떠오르고, 통찰이 쌓인다." 영감의 효과에 대한 스티븐의 생각에 나는 전적으로 동의한다. 놀라운 이미지와 아이디어는 마치 어디선가 튀어나오는 것처럼 갑자기 떠오른다. 이렇게 나타나는 영감의 섬광은 너무나 경이로워서 우리와 같은 보잘것없는 존재가 그것을 창조했다고 믿기 어려울 정도이다. 그렇다면, 최고의 창작은 어디에서 오는 것일까?

영감의 원천에 대해서는, 스티브와 나는 다른 생각을 가진다. 1부에서 그는 '저항'의 진화적 뿌리가 인간의 유전자에 있다고 말한다. 나도 그 생각에 동의한다. 그 원인은 유전적이다. 그 부정적인 힘, 창의성에 대한 어두운 반감은 인간 본성

깊숙이 내재되어 있다. 반면 3부에서 그는 방향을 바꿔 영감의 원천을 인간 본성이 아닌 '더 높은 경지'에서 찾는다. 그후, 그는 시적인 열정으로 뮤즈와 천사에 대한 자신의 믿음을 드러낸다. 그에 따르면 창의성의 궁극적인 원천은 신이다. 아마도 대다수의 독자들은 3부를 읽으며 매우 큰 감동을 느낄 것이다.

반면에 나는 창의성의 원천이 저항과 같은 현실의 차원에 존재한다고 생각한다. 창의성 또한 유전적이다. '재능'이라고 불리는 이 유전적 특성은 두 개의 이미지, 아이디어, 단어 등의 숨겨진 연결고리를 발견하고, 이를 연결하여 완전히 독창적인 제3의 작품을 만들어낸다. 지능과 마찬가지로 재능은 조상의 선물이고, 운이 좋다면 우리는 그것을 물려받는다. 이처럼 운 좋게 재능을 타고난 소수의 사람들조차 처음에는 그들의 본성에서 나오는 어두운 면에 부딪쳐 창의성이 요구하는 노동을 거부한다. 그러나 일단 작업에 전념하면, 그들의 재능은 행동을 일으키고 놀라운 성과로 보상한다. 이 창의적 재능의 섬광들이 갑자기 나타나는 것처럼 느껴지는 이유는 단 하나다. 이 모든 과정이 무의식 속에서 이루어지기 때문이다.

간단히 말해, 만약 뮤즈가 존재한다면, 그녀는 재능이 없는 자에게는 속삭이지 않는다.

스티브와 나는 영감의 원인에 대해선 생각이 다르지만, 결과에 대해서는 같은 생각을 가지고 있다. 영감이 재능과 맞닿은 자리에는 진리와 아름다움이 피어난다. 스티븐 프레스필드가 이 책을 집필할 때도, 영감은 그의 온몸을 감싸고 있었을 것이다.

the War begins!

나는 일어나 샤워를 하고 아침을 먹는다. 신문을 읽고 양치질을 한다. 전화할 일이 있으면 전화를 건다. 내 손에 커피가 들려 있다. 나는 내 행운의 작업용 장화를 신고, 조카 메레디스가 준 행운의 끈을 묶는다. 다시 사무실로 돌아가 컴퓨터를 켠다. 의자에 걸린 내 행운의 후드티에는 생트 마리 드 라

## 내가 하는 것

메르에서 만난 집시에게서 단돈 8프랑에 받은 행운의 부적과, 꿈속에 한 번 나왔던 행운의 문구인 'LARGO'* 가 새겨진 이름표가 붙어 있다. 나는 그 옷을 입는다. 내

동의어 사전 위에는 친구 밥 베르산디가 쿠바의 모로 성에서 가져온 행운의 대포가 놓여 있다. 나는 그 대포가 나에게 영감을 쏟아주길 바라며 내 의자 쪽으로 향하게 놓는다. 이제 기도를 한다. 기도문은 호메로스의 『오디세이아』에 나오는 '뮤즈를 향한 부름'인데, 아라비아의 로렌스라 불리는 T. E. 로렌스가 번역한 것이다. 사랑하는 친구 폴 링크가 준 이 기도문은 아버지의 커프스 단추와 테르모필레 전투지에서 주워온 내 행운의 도토리와 함께 선반 근처에 놓여 있다. 이제

---

* 이 책의 178쪽 참고.

시간은 오전 10시 30분쯤 되었다. 나는 책상에 앉아 작업을 시작한다. 오타가 나기 시작하면 내가 피곤해지고 있다는 신호다. 대략 4시간 정도가 지난 것이다. 능률이 떨어지는 지점에 도달한 나는 이제 작업을 마감한다. 지금까지 쓴 내용을 디스크에 저장하고, 화재에 대비하여 트럭의 글로브 박스 안에 보관한다. 컴퓨터 전원을 끄고 나면 3시, 3시 30분 정도다. 이로써 오늘의 작업은 종료되었다. 몇 페이지를 썼냐고? 상관없다. 글이 괜찮냐고? 그런 건 생각도 하지 않는다. 중요한 건 주어진 작업 시간에 전념했고, 최선을 다했다는 것이다. 오늘, 정해진 작업 시간에 최선을 다했다는 것, 저항을 이겨냈다는 것만이 중요하다.

# 내가 아는 것

작가 지망생은 모르는, 하지만 진짜 작가들은 아는 비밀이 하나 있다. 그건 글쓰기보다 더 어려운 게 글을 쓰기 위해 책상 앞에 앉는 일이라는 사실이다.

우리가 책상 앞에 앉는 것을 막는 것이 바로 '저항'이다.

우리에게는 두 개의 삶이 있다. 하나는 우리가 실제로 살아가는 삶이고, 다른 하나는 우리 안에 존재하지만 아직 살아보지 못한 삶이다. 이 둘 사이에 저항이 버티고 서 있다.

집에 러닝머신을 들여놓고 먼지만 쌓이게 한 적이 있는가? 다이어트, 요가, 명상 수련을 시작했다가 중도에 포기한 적이 있는가? 신앙생활, 인도주의적 소명, 타인을 위한 헌신

# 살아보지 못한 삶

의 삶을 살라는 내면의 부름을 외면한 적이 있는가? 아이를 낳고 싶었는가? 의사가 되고 싶었는가? 약하고 소외된 이들을 위해 싸우는 사람이 되고 싶었는가? 공직에 출마하고 싶었는가? 지구 환경을 지키거나 세계 평화를 위해 행동하고 싶었는가? 늦은 밤, 당신이 될 수도 있었던 사람, 당신이 이룰 수도 있었던 업적, 당신이 되었어야 할 존재의 모습이 머릿속을 스친 적이 있는가? 당신은 혹시 글을 쓰지 않는 작가인가? 그림을 그리지 않는 화가인가? 창업하지 않는 사업가인가? 그렇다면, 당신은 저항이 무엇인지 이미 잘 알고 있다.

어느 날 밤, 내가 누워 있는데,
아빠가 엄마한테 하는 말이 들렸죠. "애한테 부기-우기를 하게
돼. 그건 그 아이 안에 있고, 언젠가 터져 나올 거야."

— 존 리 후커의 곡 『부기 칠렌』 중에서[*]

저항은 이 지구상에서 가장 치명적인 힘이다. 가난이나 질병,
심지어 발기부전보다도 더 큰 불행의 근원이다. 저항에 굴복
하는 순간, 우리의 영혼은 병들고 왜곡된다. 그것은 우리의 성
장을 가로막고, 우리가 될 수 있는 존재, 태어날 때부터 지닌
가능성을 갉아먹는다. 당신이 신을 믿는다면(나도 믿는다), 반
드시 저항을 '악[惡]'으로 선언해야 한다. 신이 우리 각자에게 고
유한 천재성을 부여하며 의도한 삶을 저항이 가로막기 때문
이다. '천재성[Genius]'이라는 단어는 본래 라틴어로, 로마인들은
이를 거룩하고 침해할 수 없는 내면의 영을 뜻하는 말로 사
용했다. 이 영은 우리를 보호하고, 소명으로 인도하는 존재다.
작가는 자신의 천재성으로 글을 쓰고, 화가는 그것으로 그림
을 그린다. 창작하는 모든 이는 이 신성한 중심에서 작업한다.
그곳은 우리 영혼의 자리이며, 가능성을 담는 그릇이며, 우리
의 별이 보내는 신호이자 저 하늘 위 변함없는 북극성이다.

---

[*] 존 리 후커(John Lee Hooker)는 미국의 블루스 가수이자 기타리스트. 『부기 칠렌(Boogie
Chillen)』은 1948년 발표된 그의 대표작이다.

그러나 모든 태양에는 그림자가 있다. 천재성의 그림자는 저항이다. 우리 영혼이 자기실현을 향해 외치는 목소리가 강렬한 만큼, 그것을 가로막는 저항의 힘 또한 막강하다. 저항은 총알보다 빠르고, 기관차보다 강하며, 마약보다 끊기 어렵다. 저항 앞에 무너진 건 우리만이 아니다. 수백만 명의 뛰어난 사람들이 우리보다 먼저 쓰러졌다. 그런데 가장 악랄한 사실이 무엇인지 아는가? 우리는 저항이 우리를 덮친 순간조차 그것이 무엇인지 깨닫지 못한다. 나도 그랬다. 스물네 살에서 서른두 살까지, 저항은 나를 동해안에서 서해안까지 열세 번이나 끌고 다녔다. 그럼에도 나는 그 녀석이 존재하는 줄도 몰랐다. 나는 적을 찾기 위해 온 세상을 뒤졌지만, 정작 내 눈앞에 있는 그것을 보지 못했다.

이런 이야기를 들어본 적 있는가? 어느 날, 한 여자가 암 선고를 받는다. 의사는 그녀에게 남은 시간이 고작 6개월뿐이라고 말한다. 며칠 만에 그녀는 직장을 그만두고, 가족을 부양하기 위해 포기했던 텍스-멕스$^{Tex-Mex}$* 음악 작곡을 다시 시작한다(혹은 고대 그리스어 공부를 시작하거나, 도심으로 이사해 에이즈에 걸린 아기들을 돌보는 일에 헌신한다). 친구들

---

* 미국 텍사스주와 멕시코의 접경 지역에서 유행하는 스타일.

은 그녀가 미쳤다고 생각하지만, 정작 그녀 자신은 그 어느때보다도 행복하다. 그리고 후일담이 들려온다. 그녀가 앓던 암의 진행이 기적처럼 멈췄다는...

꼭 이렇게까지 되어야만 할까? 우리는 정말 죽음을 눈앞에 둬야만 저항을 직시하고 맞설 수 있는 것인가? 저항이 우리 삶을 망가뜨리고 병들게 해야만 그 존재를 깨달을 것인가? 얼마나 많은 사람들이 자신의 마음, 내면의 천재성이 부르는 소리를 외면했다는 이유만으로 술과 마약에 빠지고, 종양과 신경증을 얻고, 진통제와 험담, 그리고 휴대폰 중독에 무너졌는가? 이처럼 저항은 우리를 패배시킨다. 만약 내일 아침이 밝아오자 마법처럼 모든 혼란에 빠진 영혼들이 자신들의 꿈을 향해 첫걸음을 내디딜 수 있는 힘을 갖게 된다면, 모든 정신과 의사들은 일자리를 잃을 것이다. 감옥은 텅 비고, 술과 담배 산업은 무너질 것이며, 정크푸드, 성형수술, 그리고 선정적인 정보오락 산업도 사라질 것이다. 제약회사, 병원, 의료계도 함께 붕괴할 것이다. 가정 폭력이 사라지고, 중독, 비만, 편두통, 난폭 운전, 그리고 비듬마저도 자취를 감출 것이다.

당신의 마음을 들여다보라. 내가 틀리지 않았다면, 지금 이 순간에도 들려오는 조용하고 작은 목소리가 있을 것이다. 전에도 수없이 반복해서 당신에게 말해 온, 오직 당신만의 소명이 지금 이 순간에도 당신을 부르고 있다. 당신은 이미 알고 있다. 누구도 그것을 따로 가르쳐 줄 필요가 없다. 하지만 내가 틀리지 않았다면, 당신은 어제와 마찬가지로 오늘도, 내일도 그 소명을 실행에 옮기는 데 한 걸음도 가까워지지 않을 것이다. 저항이 존재하지 않는다고 생각하는가? 저항은 당신을 짓눌러 묻어버릴 것이다.

히틀러가 예술가를 꿈꿨다는 사실을 아는가? 열여덟 살이 되던 해, 그는 상속받은 700크로넨을 들고 그림을 배우기 위해 빈으로 이주했다. 그는 빈 미술 아카데미에 지원했고, 이후 건축학교에도 문을 두드렸다. 그런데 히틀러가 남긴 그림을 예술 작품으로 본 적 있는가? 나도 없다. 저항이 그를 이겼기 때문이다. 과장이라고 생각할 수도 있겠지만, 나는 이렇게 말하겠다. 히틀러에게는 비어있는 캔버스를 마주하는 것보다 2차 세계대전을 일으키는 것이 더 쉬웠다.

BOOK ONE

# 저항

## 적 바로 알기

적은 아주 좋은 스승이다.

── 달라이 라마 ──

# 저항의 대표적인 패턴들

다음은 저항을 불러일으키는 가장 일반적인 활동들을 특별한 순서 없이 나열한 것이다.

1) 글쓰기, 그림, 음악, 영화, 춤 등 주류에서 벗어나 있고 독창성을 요구하는 모든 창작 활동.

2) 이윤을 목적으로 하든 그렇지 않든, 어떠한 창업이나 사업을 시작하는 것.

3) 다이어트나 건강을 위한 식단 관리.

4) 영적 성장을 위한 프로그램.

5) 복근을 탄탄하게 만들어주는 모든 활동.

6) 해로운 습관이나 중독을 극복하기 위한 모든 프로그램.

7) 모든 형태의 교육.

8) 모든 형태의 정치적, 도덕적, 윤리적 결단과, 스스로의 부적절한 사고방식이나 행동 패턴을 개선하려는 모든 결정.

9) 타인을 돕기 위한 모든 사업이나 노력의 시작.

10) 결혼이나 출산, 또는 관계의 위기 극복 등 마음의 결단을 동반하는 모든 결정.

11) 역경 앞에서도 자신의 원칙을 고수하는 것.

다시 말하자면, 즉각적인 만족을 거부하고 장기적인 성장, 건강, 또는 신의를 추구하는 모든 행동이 이에 해당한다. 다른 방식으로 표현하자면, 우리의 낮은 본성이 아닌 더 높은 본성에서 우러나오는 모든 행동이다. 이 모든 행동은 저항을 일으킨다.

그렇다면 '저항'의 특징은 무엇일까?

# 저항은 보이지 않는다.

저항은 볼 수도, 만질 수도, 들을 수도, 냄새를 맡을 수도 없다. 하지만 저항은 느껴진다. 저항은 잠재된 작업에서 방출되는 에너지장<sup>energy field</sup>처럼 다가온다. 그것은 우리를 밀어내고, 주의를 산만하게 하며, 우리가 해야 할 일을 하지 못하도록 방해하는 부정적인 힘이다.

# 저항은 내면에서 온다.

저항은 마치 외부에서 오는 것처럼 느껴진다. 우리는 배우자, 직장, 그곳의 상사, 그리고 아이 탓으로 돌리기 십상이다. 로스엔젤레스 레이커스를 이끌었던 팻 라일리[Pat Riley]가 말한 '주변의 상대[peripheral opponents]'*와 같은 개념으로 여겨지곤 한다.

그러나 저항은 주변의 상대가 아니다. 저항은 내면에서 발생한다. 그것은 스스로 만들어지고, 스스로 지속된다. 저항은 내면의 적이다.

---

* 1980년대에 미국 프로농구팀인 LA 레이커스를 여러 차례 우승으로 이끌었던 명장 팻 라일리가 선수들에게 단순히 경기장에서 마주하는 상대팀 선수들만이 아니라, 코트 밖에서 집중력과 헌신을 흐트러뜨리는 모든 외부 요인들을 경계할 것을 강조하며 사용한 표현.

# 저항은 교묘하다.

당신이 해야 할 일을 막기 위해서라면, 저항은 어떤 말이든 지어낸다. 위증하고, 조작하고, 왜곡하고, 유혹하고, 협박하고, 회유한다. 저항은 변신의 귀재다. 당신을 속일 수만 있다면 어떤 모습으로든 둔갑한다. 때로는 변호사처럼 논리로 설득하고, 때로는 강도처럼 얼굴 앞에 총구를 들이댄다. 저항에는 양심이 없다. 원하는 것을 얻기 위해선 무슨 맹세든 하고, 당신이 등을 돌리는 순간 바로 배신한다. 저항의 말을 믿는다면, 그 대가를 치르게 될 것이다. 저항은 늘 거짓말을 하고, 늘 헛소리뿐이다.

# 저항은 절대 누그러지지 않는다.

저항은 '에일리언', '터미네이터, 혹은 '죠스'와 같다. 저항은 논리로는 결코 설득할 수 없다. 오직 힘만을 이해할 뿐이다. 저항은 파괴만을 위하여 설계된 엔진이다. 공장 출고 당시부터 단 하나의 목적만을 갖고 작동하도록 프로그램되어 있다. 그 목적은 우리가 해야 할 일을 방해하는 것이다. 저항은 누그러지지 않고, 통제할 수 없으며, 절대 지치지 않는다. 저항을 쪼개 하나의 세포만 남겨도, 그 세포는 여전히 공격을 멈추지 않는다.

이게 저항의 본질이기 때문이다. 저항은 그것밖에 모른다.

# 저항은 비인격적이다.

저항은 당신을 개인적으로 겨냥하지 않는다. 당신이 누구인지도 모르고, 관심조차 없다. 저항은 그저 자연의 힘일 뿐이며 기계적으로 작용한다.

악의가 있는 것처럼 느껴질지라도, 실제로는 빗물처럼 무심하고, 별들이 따르는 법칙에 따라 움직일 뿐이다. 우리가 저항에 맞서 싸우려 할 때, 이 사실을 기억해야 한다.

# 저항은 결코 틀리지 않는다.

기름 위에 떠있는 자석 바늘이 정확히 북쪽을 가리키듯, 저항은 어떤 방향을 한 치의 오차도 없이 가리킨다. 그곳에 어떤 수를 써서라도 우리가 하지 못하게 막고 싶은 소명과 행동이 있기 때문이다.

따라서 우리는 저항의 이런 힘을 역이용 할 수 있다. 저항을 나침반 삼아 그것이 막으려 하는 방향으로 나아간다면, 우리가 무엇보다 먼저 따라야 할 소명과 행동이 무엇인지 알 수 있다.

**경험으로 얻는 하나의 법칙:** 우리의 영혼의 성장을 위해 더 중요한 소명일수록, 그것을 향할 때 느끼는 저항은 그만큼 더 강력하다.

# 저항은 보편적이다.

---

우리가 저항과 맞서 싸우는 유일한 존재라고 생각한다면, 그건 착각이다. 육체를 지닌 모든 인간은 저항을 경험한다.

# 저항은 결코 잠들지 않는다.

헨리 폰다Henry Fonda*는 일흔다섯이 될 때까지도 무대에 오르기 전마다 구토를 했다고 한다. 그 말은 곧, 두려움은 결코 사라지지 않는다는 뜻이다. 전사와 예술가는 같은 원칙 아래 살아간다. 그 원칙이란, 전투는 매일, 새롭게, 다시 시작된다는 것이다.

---

* 1930년대부터 1970년대까지 활발하게 활동했던 할리우드 영화배우.

# 저항은 끝장을 본다.

저항의 목적은 상처를 내거나 움직이지 못하게 만드는 데 있지 않다. 저항은 우리를 완전히 무너뜨리려 한다. 그 표적은 우리 존재의 핵심, 즉 우리의 천재성, 영혼, 그리고 오직 우리만이 세상에 줄 수 있는 유일하고도 귀중한 선물이다. 저항은 진심을 다해 덤빈다. 우리가 저항과 싸운다는 것은, 목숨을 건 전쟁 한복판에 있다는 뜻이다.

# 저항은 두려움으로부터
# 힘을 얻는다.

저항은 스스로 아무런 힘도 없다. 그 안에 있는 모든 에너지는 우리에게서 나온다. 우리가 느끼는 두려움이 바로 저항을 키우는 연료다. 그 두려움을 다스릴 수 있다면, 우리는 저항을 이길 수 있다.

# 저항은 단 한 방향으로만 작동한다.

저항은 낮은 차원에서 높은 차원으로 나아가려 할 때만 우리를 가로막는다. 예술적 소명을 좇거나, 혁신적인 창업을 꿈꾸거나, 혹은 도덕적, 윤리적, 영적으로 한 단계 성장하려 할 때, 바로 그때 비로소 저항이 나타난다.

그러니 만약 당신이 인도 콜카타에서 마더 테레사 재단과 함께 구호 활동을 하다가 텔레마케팅 쪽으로 이직을 고민 중이라면, 걱정할 필요 없다. 저항은 기꺼이 무료 통행권을 내줄 것이다.

# 저항은 결승선 직전에
# 가장 강력하다.

---

오디세우스는 실제 귀환보다 훨씬 일찍 고향에 도착할 뻔했다. 이타카<sup>Ithaca</sup>* 는 눈앞에 있었다. 선원들이 해안가 가족들의 굴뚝에서 피어오르는 연기를 볼 수 있을 정도로 가까웠다. 오디세우스는 이제 안전하다고 믿고, 안심한 채 깊은 잠에 들었다. 바로 그때, 그의 부하들이 사령관의 짐 중 황소가죽 자루 하나에 금이 들어 있다고 오해하고 그것을 몰래 열어버린다. 하지만 그 자루 안에는 금이 아니라, 과거 오디세우스가 축복받은 섬에 들렀을 때 아이올로스 왕이 선물로 주었던 '역풍'이 담겨 있었다. 그 바람이 터져 나오자, 광폭한 돌풍이 그의 배를 덮쳤고, 오디세우스가 온갖 고난을 견디며 겨우 지나온 바다를 다시 거슬러 되돌아가게 만들었다. 결국 그는 더 많은 시련과 고통을 거친 끝에, 마침내, 그리고 홀로, 진짜 귀향을 이루게 된다.

결승선이 눈앞에 다다랐을 때 저항은 가장 맹렬하게 덤벼든

---

\* 그리스 신화에서 오디세우스의 고향으로 등장하는 섬. 궁극적으로 오디세우스가 아내 페넬로페와 재회하는 장소이다.

다. 이 시점이 되면 저항은 우리가 승리를 코앞에 두었음을 감지하고 비상벨을 누른다. 그리고 마지막 총공세를 펼치며, 남은 모든 힘을 다 쏟아 우리를 덮친다.

프로는 이 마지막 반격에 대비해야 한다. 마무리 지점에서 방심하면 안 된다. 역풍이 가득 든 주머니를 함부로 열어서는 안 된다.

# 저항은 동맹을 끌어들인다.

저항의 본질은 자기 파괴다. 하지만 또 하나 반드시 경계해야 할 위협이 있다. 바로 타인에 의한 파괴다.

작가가 저항을 이겨내고 실제로 글을 쓰기 시작했다고 해보자. 그러면 주변 사람들의 태도가 묘하게 달라지는 것을 느낄 수 있을 것이다. 그들은 갑자기 기분이 들쑥날쑥해지고, 시무룩하거나, 심지어 아프기까지 하다. 그러고는 말한다. "우리 예전 같지 않아", "너, 변했어" 가까운 사이일수록 반응은 더 괴이하고, 더 감정적이다.

그들은 지금, 작가를 무너뜨리려는 것이다.

왜 이런 일이 벌어질까? 그들 역시, 의식적이든 무의식적이든, 자신만의 저항과 싸우고 있기 때문이다. 그리고 각성한 작가의 변화는 그들에게 거울이 되어 자기 자신을 비춰보게 만든다. '저 사람이 이겨냈는데, 나는 왜 못하지?' 그 불편한 진실이 그들을 불안하게 만들고 있는 것이다.

종종 부부, 친구, 심지어 가족 전체가 지금 이대로의 익숙한 수렁 속에 계속 머물겠다는 무의식적인 '암묵의 계약'을 맺고 있는 듯 보일 때가 있다. 모두가 그 진흙탕 속에서 나름의 안락함을 느끼고 있는 것이다. 게들의 세계에서 가장 큰 반역은, 양동이 가장자리로 도약하는 일이다.

각성한 예술가는 자신에게뿐 아니라 타인에게도 단호해야 한다. 한번 저항을 뚫고 앞으로 나아가기 시작했다면, 바짓가랑이를 걸고 늘어지는 친구를 위해 뒤돌아서면 안 된다. 진짜 친구라면 오히려 이렇게 말할 것이다. "계속 가. 벽을 넘고, 멈추지 마."

예술가가 다른 예술가를 위해 할 수 있는 최고의, 그리고 유일한 일은 자신이 그들의 '모범'이 되고, '영감'이 되는 것, 그뿐이다.

이제 저항의 다음 측면, 그 징후들에 대해 살펴 보자.

# 저항과 할 일 미루기

할 일 미루기는 저항의 가장 흔한 방식이다. 그만큼 가장 합리화하기 쉬운 형태이기 때문이다. 우리는 스스로에게 "나는 절대 교향곡을 작곡하지 않을 거야"라고 말하지 않는다. 그 대신 이렇게 말한다. "나는 교향곡을 작곡할 거야. 다만 내일부터 시작할 거야."

# 저항과 할 일 미루기,
# 파트 2

———

할 일 미루기의 가장 큰 폐해는 하나의 습관으로 굳어지는 것이다. 우리는 단지 오늘 하루를 미루는 것이 아니라, 인생 전체를 뒤로 미루게 된다. 심지어 죽음에 이르기까지도.

절대 잊지 말아야 할 사실이 있다. 지금 이 순간에도 우리는 삶을 바꿀 수 있다. 우리는 단 한 순간도, 운명을 바꿀 수 있는 힘을 잃은 적이 없다. 지금 이 순간에도 우리는 저항에 맞서 싸움의 판세를 뒤집을 수 있다.

지금 당장, 우리는 자리에 앉아 우리의 일을 시작할 수 있다.

# 저항과 섹스

때때로 저항은 섹스, 혹은 섹스에 대한 강박적인 집착의 형태로 모습을 드러낸다. 왜 하필 섹스일까? 그 이유는 간단하다. 섹스는 즉각적이고 강렬한 만족감을 주기 때문이다. 누군가와 잠자리를 같이하고 나면, 우리는 인정받고, 환영받고, 심지어 사랑받는 기분을 느낀다. 저항은 바로 그 틈을 파고든다. 그 값싸고 쉬운 만족감으로 우리의 주의를 빼앗고, 해야 할 일을 하지 못하게 만든다.

물론, 모든 섹스가 저항의 발현은 아니다. 내 경험상, 그 차이는 놀라울 만큼 단순하게 구분할 수 있다. 행위가 끝난 직후, 마음속에 얼마나 깊은 공허함이 남는지를 살펴보면 된다. 느껴지는 공허함이 클수록 섹스의 진짜 동기는 사랑도, 욕망도 아닌 저항이었을 가능성이 높다.

이 원칙은 섹스에만 국한되지 않는다. 마약, 쇼핑, 자위, TV, 뒷담화, 술, 그리고 지방, 설탕, 소금, 초콜릿이 포함된 음식의 섭취까지, 모두 같은 방식으로 저항의 도구가 될 수 있다.

# 저항과 곤경

우리가 스스로를 곤경에 빠뜨리는 이유는 그것이 타인의 관심을 끌 수 있는 가장 저렴한 수단이기 때문이다. 곤경은 일종의 가짜 명성이다. 조셉 콘라드<sup>Joseph Conrad</sup>의 중편소설에 나타난 다양한 인간 군상과 혼재된 세계관의 형이상학적 주제를 다루는 논문을 완성하는 것보다, 학과장의 아내와 침실에서 발각되는 편이 훨씬 쉽다.

건강 이상, 알코올 중독, 약물 중독, 사고를 부르는 충동, 일을 망치는 강박, 질투, 만성적인 지각, 그리고 짙게 선팅된 95년식 스포츠카에서 랩 음악을 110데시벨로 틀어대는 과시적 행동까지, 이 모든 것은 곤경의 형태다. 이처럼 아무런 고통 없이, 인위적인 수단으로 자기 자신을 향한 주목을 끌어내리는 모든 시도는 저항의 또 다른 얼굴이다.

타인을 괴롭히는 행위, 그리고 타인의 괴롭힘을 묵묵히 견디는 태도 역시 저항의 한 형태다.

일하는 예술가는 이런 곤경이 자신의 삶에 파고드는 것을 결코 허용하지 않는다. 그는 곤경이 자신의 작업을 가로막는다는 사실을 잘 알고 있다. 그래서 곤경으로 이어질 수 있는 모든 원인을 자신의 세계에서 미리 제거한다. 그러나 그는 그 충동을 마냥 억누르기만 하지는 않는다. 곤경을 향한 내면의 욕망을 붙잡아 자신의 작업 안으로 끌어들이고, 그것을 작품으로 바꿔낸다.

# 저항과 드라마

인생을 드라마처럼 만드는 것도 저항의 한 증상이다. 수년간 공을 들여 새로운 소프트웨어 인터페이스를 개발하는 것보다, 전과가 있는 남자친구를 집에 데려오는 편이 훨씬 빠르고 확실하게 관심을 끌 수 있다. 굳이 긴 시간 일에 몰두할 필요도 없다.

때로는 가족 전체가 무의식적으로 이 '드라마 만들기'에 동참한다. 아이들은 기름을 붓고, 어른들은 무기를 장착한다. 가족이라는 우주선은 한 편의 에피소드에서 다음 에피소드로 요란하게 나아간다. 그리고 모두가 안다. 이 드라마가 끊기지 않게 유지하려면 어떻게 해야 하는지를. 갈등이 잠시 잦아든다 싶으면 어김없이 누군가가 사고를 친다. 아버지는 술에 취하고, 어머니는 갑자기 아프고, 누나는 오클랜드 레이더스* 문신을 한 채 교회에 나타난다. 현실 속 드라마는 영화보다 더 자극적이고, 더 흥미진진하다. 그리고 저항은 그 속에서 제 역할을 완벽히 해낸다. 결국 가족 아무도 자기 일을 끝내

---

* 반항적 이미지로 유명한 미식축구팀

지 못한다.

가끔 나는 저항이 마치 산타클로스의 사악한 쌍둥이 형제처럼 느껴진다. 그는 집집마다 돌아다니며 드라마가 제대로 돌아가고 있는지 확인한다. 자기연민과 혼란에 푹 빠진 집을 발견하면, 그의 붉은 뺨은 기쁨으로 밝게 빛난다. 그는 여덟 마리의 순록이 끄는 썰매를 타고 신나게 다음 집으로 향한다. 이 집에서는 자신이 더 이상 할 일이 없기 때문이다.

# 저항과 자가 치료

혹시 우울증이나 불안감 해소를 목적으로 합법적이든 아니든 어떤 약물을 장기적으로 복용하고 있는가? 그렇다면 다음 이야기를 들어 보라.

나는 한때 뉴욕의 대형 광고회사에서 카피라이터로 일한 적이 있다. 그곳의 상사는 종종 이렇게 말했다. "질병을 하나 만들어 내. 질병만 있으면, 치료제를 팔 수 있잖아."

'주의력 결핍 장애(ADD)', '계절성 우울 장애(SAD)', '사회 불안 장애(SAD)' 같은 것들은 실제 질병이 아니다. 그저 마케팅 전략일 뿐이다. 의사들이 발견한 게 아니라, 카피라이터들과 마케팅 부서, 그리고 제약 회사들이 만들어낸 것이다.

우리 영혼의 부름을 지우기 위해 약물로 스스로를 마비시키는 순간, 우리는 매우 '모범적인 자본주의자', 그리고 '훌륭한 소비자'가 된다. 우리는 태어날 때부터 TV 광고와 대중 소비 문화가 가르쳐온 그 방식대로 살아간다. 자기 이해, 자기 훈련, 인내, 성실한 노력은 버려두고, 그저 하나의 제품을 소비함으로써 모든 문제를 덮고 넘어간다.

저항과 상업주의가 교차하는 그 지점에서 수많은 사람들이 영혼을 잃고, 인생을 잃는다.

# 저항과 피해자 서사

의사들에 따르면, 병원을 찾는 환자들의 70~80%는 실제 건강 문제 때문에 병원에 오는 것이 아니다. 사람들은 아프다기보다는, 스스로를 드라마의 주인공으로 만들고 싶어서 병원을 찾는다. 어떤 의사들은 의료 행위 중 가장 어려운 게 포커페이스 유지라고 말한다. 제리 사인펠드 Jerry Seinfeld* 는 20년간의 연애 경험을 돌아보며 이렇게 말한 적이 있다. "연애는 상대방에게 정말 매료된 척 연기하는 일이 대부분이었지."

질병은 종종 개인의 존재에 의미를 부여하는 장치가 된다. 일종의 '십자가'가 되는 셈이다. 어떤 사람들은 한 질병을 치료하면 곧장 또 다른 질병을 만들어낸다. 그 질병은 결국 하나의 '작품'처럼 다듬어진다. 그러나 그 작품은 그 사람이 진짜 해야 할 창조적 작업을 피하기 위해 온 신경을 쏟아 만든 그림자에 불과하다.

이런 피해자 서사는 수동적 공격의 한 형태다. 피해자는 성

---

* 미국의 코미디언. 자신의 이름을 내세운 시트콤 『사인펠드(Seinfeld)』로 유명하다.

실한 노력이나 자신의 경험, 사랑을 바탕으로 한 기여를 통해 만족을 얻지 않는다. 대신, 조용하거나 때로는 노골적인 위협과 조작을 통해 타인을 조종한다. 피해자는 다른 사람들이 자신을 구해주거나, 자신이 원하는 대로 행동하게 만들려 한다. 그들은 "나는 더 아플 거야", "나 완전히 무너질지도 몰라"라는 암시를 주거나, "날 힘들게 하면 너도 불행해질 거야"라는 무언의 메시지로 상대방을 압박한다.

자신을 피해자로 설정하는 것은 '일을 하는 것', '자기 삶의 진짜 임무를 수행하는 것'과 정반대되는 행위다. 그러니 절대 하지 마라. 이미 하고 있다면, 지금 당장 멈춰라.

# 저항과 배우자 선택

때때로 우리는 자신의 저항을 제대로 인식하지 못한 채, 그 저항을 이미 극복했거나 극복해 가는 사람을 배우자로 선택하곤 한다. 그 이유는 분명하지 않다. 어쩌면 우리 안에 실제로 존재하지만 행동으로 옮기기 두려운 힘을 배우자에게 대신 부여하는 것이 더 쉬워서일 수도 있다. 혹은, "저 사람은 살지보지 못한 삶을 살아갈 자격이 있어. 나는 아니지만." 이렇게 믿는 것이 덜 두렵기 때문일지도 모른다. 아니면, 그 사람을 본보기로 삼으려는 본능일 수도 있다. 그 곁에 오래 머물기만 해도 그 힘이 조금쯤은 전이되지 않을까하는 소망에서 비롯된 선택일지도 모른다.

이런 방식으로 저항은 사랑을 일그러뜨린다. 그로 인해 만들어지는 관계의 풍경은 색채도 풍부하고, 감정도 진하다. 테네시 윌리엄스<sup>Tennessee Williams</sup>*가 마음만 먹으면 이걸로 삼부작을 쓸 수 있을 정도다. 하지만 그게 정말 사랑일까? 자신이 파트너를 지지하는 입장이라면, 파트너의 성공에 묻어가려 하기

---

\* 『욕망이라는 이름의 전차』로 유명한 20세기 미국 극작가.

보다 살아보지 못한 삶을 추구하지 않은 실패를 스스로 직면해야 하지 않을까? 그리고 지지를 받는 입장이라면, 사랑하는 사람의 숭배 속에 안주하기보다는, 배우자도 자신의 빛을 직접 발할 수 있도록 등 뒤로 물러서야 하지 않을까?

# 저항과 이 책

이 책을 쓰기 시작했을 때, 나는 저항에 거의 굴복할 뻔했다. 나에게 찾아온 저항은 이런 모습이었다. 머릿속에서 한 목소리가 이렇게 말했다. "자네는 논픽션 작가가 아니라 소설가야. '저항' 같은 개념을 노골적으로 설명하지 말고, 소설 속에 은유적으로 녹여서 표현하라고." 그건 꽤나 미묘하고도 설득력 있는 속삭임이었다. 저항은 내게 '전쟁 이야기 같은 걸 써서, 전사가 느끼는 두려움을 통해 저항의 원리를 보여주는 방식이 더 낫다'고 속삭였다.

저항은 또 이렇게 말했다. "남들을 가르치려 들지 마. 지혜를 나누는 척하지 마. 그건 허영이고, 자만이고, 어쩌면 타인을 속이는 일일지도 몰라. 그건 너에게 결국 해가 될 거야." 그 말은 나를 두렵게 했다. 왜냐하면 정말 그럴듯한 말이었기 때문이다.

그럼에도 결국 이 글을 쓰기로 한 이유는 단 하나였다. 쓰지 않으면 내가 너무 불행했기 때문이다. 글을 쓰지 않자 몸과 마음이 이상 신호를 보내기 시작했다. 그러나 책상에 앉아 첫 줄을 써내려가던 순간, 나는 거짓말처럼 괜찮아졌다.

# 저항과 불행

저항은 어떤 느낌으로 다가올까?

가장 먼저 느껴지는 건 불행이다. 마치 지옥에 갇힌 것처럼, 잔잔한 비참함이 삶 전체를 뒤덮는다. 지루하고, 안절부절못한다. 무엇을 해도 만족할 수 없고, 근원을 알 수 없는 죄책감에 사로잡힌다. 한편으로는 다시 침대에 들어가고 싶고, 또 한편으론 당장 파티에 나가고 싶은 충동이 일어난다. 우리는 사랑받지 못한다고 느끼고, 스스로 사랑스러운 존재가 될 수 없다고 생각한다. 삶에 대한 환멸을 느끼고, 자신에 대해서도 혐오감을 느낀다.

이런 상태가 지속되고 해소되지 않으면, 저항은 점점 고조되어 더 이상 견딜 수 없는 지경에 이른다. 그 시점에서 우리는 해로운 선택을 하게 된다. 마약, 외도, 무의미한 웹서핑 같은 것들이 삶을 파고든다.

그보다 더 심해지면, 저항은 이제 임상적인 증상으로 나타난다. 우울증, 분노 조절 장애, 기능 장애 같은 형태로 발전하고, 결국에는 범죄나 신체적 자기 파괴로까지 이어질 수 있다.

이런 이야기를 들으면 사람들은 말한다. "인생이 원래 그런 거 아니야?" 하지만 그렇지 않다. 이건 저항의 전형적인 증상이다.

문제를 더 복잡하게 만드는 것은, 우리가 살아가는 이 소비 중심 사회가 사람들의 불행을 예리하게 감지하고, 그 불행을 이윤의 수단으로 삼는다는 점이다. 이 사회는 우리에게 제품을 팔고, 약을 팔고, 산만해질 수 있는 온갖 도구들을 제공한다. 존 레논은 이렇게 노래했다.

> 너는 네가 아주 똑똑하고,
> 편견 없고, 자유롭다고 생각하지.
> 그렇지만 내가 보기엔,
> 너희도 모두 형편없는 놈들일 뿐이야.

예술가로서, 프로로서, 우리는 자기 내면에서 일어나는 작은 혁명을 외면하지 말아야 한다. 우리 안에서 벌어지는 이 조용한 반란을 통해 우리는 소비문화의 폭정에서 벗어날 수 있다. 태어날 때부터 우리를 조종해 온 광고, 영화, 비디오 게임, 잡지, TV, 뮤직비디오 같은 것들의 각본에서 벗어나야 한다. 우리는 깨어 있어야 한다. 우리의 불안을 진짜로 치유해 줄 수 있는 것은 가처분 소득으로 구입한 상품이 아니라는 사실을 알아야 한다. 진짜 해답은 단 하나다. 우리가 해야 할 일을 하는 것, 그것뿐이다.

# 저항과 근본주의

예술가와 근본주의자*는 똑같은 질문 앞에 선다. 바로 개인으로서 존재하는 이유에 대한 물음이다. 그들은 이렇게 묻는다. "나는 누구인가?", "나는 왜 여기에 있는가?" "내 삶의 의미는 무엇인가?"

보다 원시적인 단계의 인류는 이런 문제를 생각할 필요가 없었다. 야만과 유목, 부족 사회와 중세 시대에는 개인의 역할이 공동체의 규율에 의해 정해졌기 때문이다. 개인적인 삶의 의미에 대한 질문이 중심 무대로 올라선 것은 (고대 그리스에서 비롯된) '자유'와 '개인'이라는 개념이 탄생한 근대 사회가 도래하면서부터다.

"나는 누구인가?", "나는 왜 여기에 있는가?" 이런 질문들은 본질적으로 답하기 쉽지 않다. 그 이유는 인간이 본래 개인으로서 살아가도록 설계되지 않았기 때문이다. 우리는 공동체의 일원으로 움직이도록 진화했다. 집단 속에서 역할을 수

---

\* 여기서 말하는 '근본주의자'란 특정 종교적 신념을 가진 사람을 지칭하는 것이 아니라, 변화와 불확실성을 두려워하고 고정된 진리나 교리에만 의존하려는 인간의 내면적 태도를 의미한다.

행하고, 소속감을 느끼도록 프로그램되어 있다. 수백만 년에 걸친 수렵 채집의 역사 속에서, 우리의 정신은 부족 단위의 삶에 익숙해졌다. 우리는 집단이 무엇인지 알고, 어떻게 그 안에 어울리는지도 안다. 하지만 우리가 모르는 것이 있다. 그건 혼자 살아가는 법, 그리고 자유로운 개인으로 존재하는 법이다.

예술가와 근본주의자는 서로 다른 발전 단계를 지닌 사회에서 등장한다. 예술가는 보다 진보된 모델이다. 그가 속한 문화는 풍요와 안정, 그리고 자기 성찰을 가능하게 할 만큼의 여유 자원을 갖고 있다. 예술가는 자유를 기반으로 움직인다. 그리고 그것을 두려워하지 않는다. 그는 운이 좋은 사람이다. 자유가 허용되는 시대와 장소에 태어났기 때문이다. 그의 내면에는 자신감과 미래에 대한 희망이 자리잡고 있다. 그는 진보와 진화를 믿는다. 세상이 불완전하고 더디게 나아가더라도, 인류는 결국 더 나은 세상을 향해 움직이고 있다고 믿는다.

근본주의자는 그런 믿음을 전혀 품지 않는다. 그의 눈에 인류는 더 높은 상태로부터 타락한 존재일 뿐이다. 진리는 아직 밝혀져야 할 무언가가 아니라, 이미 계시된 것이다. 신의 말씀은 이미 선포되었고, 그 기록은 예수든, 무함마드든, 마르크스든, '그분'의 예언자를 통해 남겨졌다.

근본주의는 무력해진 자들, 정복당한 자들, 쫓겨난 자들, 빼앗긴 자들의 철학이다. 근본주의는 정치적, 군사적 패배의 잔해 위에 태어난다. 바빌론 포로 시절에 등장한 히브리 근본주의, 남북전쟁 후 재건 시대에 등장한 미국 남부의 백인 기독교 근본주의, 그리고 1차 세계대전 후 독일에서 발전한 우월 인종 사상 모두 그렇게 폐허 위에 피어난 것이다. 그처럼 절박한 시대에, 정복당한 민족은 희망과 자존심을 회복시켜줄 교리 없이는 버티기 어렵다. 오늘날의 이슬람 근본주의도 바로 그 절망의 지형에서 솟아오른 것이다. 그리고 다른 근본주의와 마찬가지로 막강하고 치명적인 매력을 지닌다.

그렇다면 이런 절망의 근본 정체는 무엇일까? 그것은 자유가 안겨주는 절망이다. 익숙하고 안전한 구조, 부족과 씨족, 마을과 가족, 그 모든 것으로부터 단절된 개인이 겪는 상실감과 무력감이다.

이것이 현대인의 삶의 실상이다.

근본주의자(좀 더 정확히 말하자면, 괴로움 끝에 근본주의를 붙잡게 된 개인)는 자유를 견딜 수 없다. 그는 미래로 나아가는 길을 찾지 못하고, 과거로 후퇴한다. 민족이 영광스러웠던 시절을 상상 속에서 되살리며, 그 시절과 그 안의 자신을 더 순수하고, 더 고결한 모습으로 재구성하려 한다. 그는 본질로 돌아가려 한다. 더 근원적이었던 그때로.

그래서 근본주의와 예술은 양립할 수 없다. 근본주의 예술이라는 것은 존재하지 않는다. 그렇다고 해서 근본주의자가 창의성이 없다는 뜻은 아니다. 근본주의자의 창의성은 뒤집혀 있다. 그는 파괴를 창조한다. 그가 세우는 학교, 조직, 모든 구조물은 적뿐 아니라 자기 자신을 파괴하는 데 집중되어 있다.

근본주의자가 자신의 창의성을 가장 활발하게 발휘하는 분야는 '사탄'을 만드는 것이다. 그는 '적'의 형상을 빚어내고, 그 대조 속에서 자신의 삶을 규정하며 의미를 찾는다. 예술가처럼 근본주의자도 저항을 경험한다. 하지만 그에게 저항은 '죄의 유혹'으로 다가온다. 근본주의자에게 저항은 덕에서 그를 끌어내리려는 사탄의 부름이다. 그는 악마에게 사로잡혀 있다. 마치 죽음을 사랑하듯, 악마를 사랑한다. 세계무역센터를 폭파한 자살 폭탄범들이 훈련 기간 동안 스트립클럽을 자주 드나들었다는 사실, 그들이 자신이 받을 보상으로 '천국의 매음굴'에서 수많은 처녀 신부를 아내로 삼고, 마음껏 겁탈할 수 있다고 믿었다는 사실은 우연일까? 근본주의자는 여성을 두려워하고 증오한다. 그들은 여성을 '사탄의 그릇', 삼손을 유혹해 힘을 빼앗었던 '데릴라' 같은 존재로 보기 때문이다.

죄의 유혹, 다시 말해 '저항'에 맞서기 위해 근본주의자는 극단적인 행동에 나서거나, 신성한 경전 연구에 몰두한다. 그들은 그 속에 자신을 잃는다. 마치 예술가가 창작 과정 속에 자신을 잃는 것과 비슷하지만 결정적인 차이가 있다. 예술가는 더 나은 세상을 만들기 위해 앞을 바라보면 반면, 근본주의자는 자신과 세상이 타락하기 이전의 순수한 세계를 찾기 위해 뒤를 돌아본다는 사실이다.

인본주의자는 인류가 신과 함께 세상을 공동 창조하라는 부름을 받았다고 믿는다. 그래서 인간의 생명을 무엇보다 소중히 여긴다. 그는 세상이 진보하고, 삶은 진화한다고 믿는다. 모든 개인은 그 대의에 기여할 수 있는 존재이며, 적어도 그럴 수 있는 잠재력을 지니고 있다고 생각한다. 하지만 근본주의자는 이런 생각은 상상조차 하지 못한다. 그의 세계에서 신에 대한 이견은 단순한 범죄가 아니라 곧 배교이며, 신에 대한 반역이기 때문이다.

근본주의가 승리할 때 세상은 암흑기에 접어든다. 그럼에도 나는 근본주의에 이끌리는 사람을 쉽게 비난할 수 없다. 나 자신을 돌아봤을 때, 나의 삶에는 스스로를 성찰할 수 있는 여유가 있었다. 나는 교육의 기회, 경제적 안락함, 가족의 지지, 건강, 그리고 미국인으로 태어났다는 우연한 행운까지 누렸기 때문이다. 그럼에도 내가 진정 자율적인 개인으로 존재하는 법을 배웠는지는 여전히 확신할 수 없다. 만약 그랬다면 나는 그것을 간신히, 아주 아슬아슬하게 이루었으며, 상상조차 하기 싫은 값비싼 대가를 치렀다는 의미일 것이다.

어쩌면 인류는 아직 자유를 누릴 준비가 되어 있지 않은지도 모른다. 자유라는 공기는 인간이 숨 쉬기에는 아직 너무 희박한 것일 수도 있다. 만약 자유롭게 사는 일이 정말로 쉬운 일이었다면, 나는 이런 책을 쓰고 있지 않았을 것이다. 어쩌면 이것이야말로 인류가 마주한 가장 역설적인 진실일지도 모른다. 오래전 소크라테스가 말했듯, 진정한 자유란 결국 자기 자신을 다스릴 수 있는 범위 안에서만 누릴 수 있는 것이다. 스스로를 다스릴 수 없는 사람은 결국 자신을 대신 다스릴 주인을 찾을 수밖에 없는 운명이다.

# 저항과 비판

다른 사람을 비판하고 있는 자신을 발견했다면, 아마 저항에 휘말리고 있는 중일 가능성이 크다. 우리가 자기 삶을 진실하게 살지 못하고 있을 때, 다른 누군가가 그렇게 살기 시작하는 모습을 보면 괜히 화가 나기 때문이다.

자아를 실현하며 사는 사람은 좀처럼 다른 이를 비판하지 않는다. 그들이 입을 연다면, 대부분 격려의 말이다. 자신을 한 번 잘 들여다보라. 저항이 드러나는 방식은 대부분 우리 자신에게만 해를 끼친다. 하지만 비판과 잔인함은 타인에까지 상처를 준다.

# 저항과 자기 의심

자기 의심은 의외로 좋은 동반자가 될 수 있다. 왜냐하면 그것은 우리가 무언가를 열망하고 있다는 신호가 되기 때문이다. 의심은 때때로 우리가 꿈꾸는 일에 대한 사랑을 나타내며, 그것을 해내고자 하는 간절한 욕구를 반영한다. 만약 스스로에게 (그리고 친구들에게) "내가 정말 작가일까?, 내가 정말 예술가일까?"라는 질문을 자주 던지고 있다면, 당신은 진짜 예술가일 가능성이 크다.

가짜 혁신가는 확신으로 빛나지만, 진짜 혁신가는 금방이라도 무너질 것처럼 두려워한다.

# 저항과 두려움

혹시 지금 두려움에 사로잡혀 있는가? 그렇다면 그건 좋은 징조이다.

두려움은 유익하다. 자기 의심처럼 두려움도 하나의 지표이기 때문이다. 두려움은 우리가 무엇을 해야 하는지를 알려준다.

한 가지 원칙만 기억하라. 어떤 일이나 소명에 대해 두려움을 많이 느낄수록, 우리는 그 일을 반드시 해야 한다는 사실을 더욱 확신할 수 있다.

저항은 두려움의 형태로 경험된다. 두려움이 클수록, 저항도 강하다. 그러므로 어떤 일에 대한 두려움이 클수록, 그 일이 우리에게 중요하며, 우리 영혼의 성장에 깊이 관련되어 있다는 뜻이다. 그것이 강한 저항의 이유다. 그 일이 우리에게 아무 의미가 없었다면, 애초에 저항도 없었을 것이다.

『인사이드 더 액터스 스튜디오 Inside the Actors Sutdio』*라는 프로그램을 본 적 있는가? 진행자인 제임스 립튼[James Lipton]은 출연한 배우들에게 늘 같은 질문을 던진다. "어떤 기준으로 배역을 고르시나요?" 그러면 배우들은 항상 이렇게 대답한다. "두려움입니다."

프로는 언제나 자신을 한층 성장시킬 수 있는 프로젝트를 선택한다. 그는 자신을 기꺼이 미지의 바다에 빠뜨리고, 무의식 깊은 곳까지 탐험하게 만드는 과제에 도전한다.

프로도 두려움을 느끼는가? 물론이다. 그는 온몸이 얼어붙을 만큼 두려움에 사로잡혀 있다.

(대신 프로는 이미 해본 배역은 거절한다. 더 이상 두렵지 않기 때문이다. 두렵지 않은 일에 시간을 쓸 이유는 없다.)

그러니 당신이 지금 두려움에 사로잡혀 아무것도 하지 못하고 있다면, 그건 오히려 좋은 신호다. 그 두려움이 지금 당신이 무엇을 해야 하는지 말해주고 있다.

---

\* 미국에서 방영된 유명 토크쇼로, 진행자인 제임스 립튼이 배우들을 초대해 연기와 인생에 대해 깊이 있는 질문을 던지는 방식으로 전개된다.

# 저항과 사랑

저항은 사랑과 정비례한다. 어떤 일에 엄청난 저항을 느낀다면, 그건 동시에 그곳에 큰 사랑이 있다는 뜻이다. 당신을 두렵게 하는 그 일이 정말로 사랑하는 일이 아니었다면, 당신은 아무런 감정도 느끼지 않았을 것이다. 사랑의 반대는 증오가 아니라, 무관심이다.

저항이 클수록, 아직 실현되지 않은 당신의 예술, 프로젝트, 작업이 그만큼 중요하다는 뜻이다. 그리고 마침내 그것을 실현했을 때 느낄 만족감 또한 저항의 크기만큼 크다는 의미다.

# 저항과 유명세

저항은 종종 거창한 환상으로 나타난다. 이는 아마추어의 전형적인 특징이기도 하다. 프로는 안다. 행복과 마찬가지로, 성공은 오직 일에 몰두할 때 따라오는 부산물이라는 것을.

프로는 결과에 연연하지 않는다. 그저 묵묵히 자신의 일에 집중할 뿐이다. 보상이 주어지든 말든, 그것은 일의 본질과 무관하다.

# 저항과 고독

우리는 때때로 혼자가 될까 두려워 새로운 일을 시작하지 못한다. 무리에 둘러싸여 있을 때는 편안한 반면, 홀로 숲 속에 들어간다는 생각은 우리를 불안하게 만든다.

하지만 기억해야 할 것이 있다. 우리는 결코 혼자가 아니다. 모닥불의 빛에서 한 걸음만 벗어나면, 뮤즈가 나비처럼 우리의 어깨에 내려앉는다. 용기를 내어 앞으로 나아가는 순간, 우리 안 깊숙한 곳에서 우리를 지지하고 지탱해 주는 힘이 반드시 깨어난다.

젊은 시절의 존 레논과 밥 딜런이 인터뷰하는 장면을 본 적 있는가? 기자들이 그들에게 사적인 질문을 던질 때마다 그들은 날카로운 냉소로 답을 피해 간다. 왜 그럴까? 레논과 딜런은 잘 알고 있다. 노래를 쓰는 자신의 자아는 그런 어리석은 질문에 집착하는 사람들이 궁금해 하는 '사적인 자아'와는 전혀 다른 존재라는 것을. '창작의 자아'는 너무나 신성하고,

소중하고, 연약해서, 그저 자신들을 우상화하려는 이들(그들 역시 자신들만의 저항 속에서 헤매는 중이다)이 원하는 몇 마디 말에는 결코 담을 수 없다는 것을. 그래서 그들은 그런 사람들을 진지하게 상대하지 않고, 멀리 밀어낸다.

예술가와 아이들의 공통점이 하나 있다. 자신의 꿈을 좇고 있을 때, 시간도, 고독도 전혀 의식하지 못한다는 것이다. 시간은 어느새 훌쩍 흘러가 버린다. 조각가도, 나무에 오르던 꼬마아이도 "밥 먹어!"하고 엄마가 부를 때에서야 깜짝 놀라 고개를 든다.

# 저항과 고독,
# 파트 2

친구들이 가끔 묻는다. "하루 종일 혼자 앉아 있으면 외롭지 않아?" 처음에는 "아니"라고 대답하는 내가 스스로도 이상하게 느껴졌다. 하지만 곧 알게 되었다. 나는 단 한 번도 혼자였던 적이 없다는 것을. 나는 내가 쓰는 책 안에 있었다. 등장인물들과 함께 있었고, 무엇보다 나 자신과 함께 있었다.

나는 내가 만들어낸 등장인물과 함께 있을 때 외롭지 않다. 오히려 그들이 현실 속 사람들보다 더 생생하고 흥미롭게 느껴질 때가 많다. 생각해보면 그럴 수밖에 없다. 하나의 책 (혹은 프로젝트나 사업)이 전개되는 긴 시간 동안 우리의 마음을 붙잡아 놓으려면, 반드시 우리 내면 깊은 곳의 혼란이나 우리에게 지극히 중요한 무언가를 향한 열정이 건드려져야 한다. 그리고 그 문제는, 우리가 처음에는 명확히 이해하거나 설명할 수 없더라도, 결국에는 그 작품의 주제가 된다. 그렇게 등장인물들이 태어나고, 각 인물은 그 주제가 품고 있는 딜레마, 그 혼란의 한 측면을 빠짐없이 체현한다. 이렇게 태어난 인물들이 다른 사람들에게는 그다지 흥미롭지 않을 수도 있다. 하지만 그들은 우리에게는 더할 나위 없이 매혹적이다. 왜냐하면 그들은 우리 자신이기 때문이다. 그들은 좀 더 냉정하고, 더 똑똑하고, 더 매혹적인 우리 자신이다. 그들과 함께 있는 것이 즐거운 이유는, 그들 역시 우리를 붙잡고 있는 바로 그 문제와 씨름하고 있기 때문이다. 그들은 우리의 영혼의 동반자이고, 연인이며, 가장 가까운 친구다. 악당들조차도, 아니, 오히려 악당들이 특히 그렇다.

지금 쓰고 있는 이 책처럼 등장인물이 하나도 없는 글이라 해도, 나는 결코 혼자라고 느끼지 않는다. 왜냐하면 언제나 독자를 상상하며 쓰기 때문이다. 그 독자는 나보다 젊고, 경험은 적지만 열정은 누구 못지않은 예술가 지망생들이다. 나는 그들에게 약간의 용기와 영감, 세상을 살아가며 얻은 약간의 지혜, 그리고 몇 가지 실전 요령을 전하고 싶다.

# 저항과 힐링

산타페에서 시간을 보내본 적이 있는가? 그곳에서는 '힐링'을 중심으로 한 하위문화가 존재한다. 분위기 자체가 어딘가 치유적이라는 것이다. 자신을 추스르고, 마음을 가다듬기에 안전한 장소로 여겨진다. 캘리포니아의 산타바바라나 오하이 같은 지역도 마찬가지다. 대개 시간과 돈이 남아도는 중상류층 사람들이 모여드는 곳이다. 이런 공간이 전달하는 공통된 메시지는 '사람은 자신의 일을 시작하기 전에 먼저 온전히 치유되어야 한다는 것'이다.

이 사고방식은 (말하지 않아도 알겠지만) 저항의 또 다른 형태다.

우리는 힐링을 통해 정확히 무엇을 치유하려는 걸까? 아무런 통증 없이 아침을 맞는 날은 결코 오지 않는 걸 운동선수는 알고 있다. 그는 상처를 안고서도 경기에 나서야 한다.

스스로 치유가 필요하다고 느끼는 그 부분이 창조의 근원지는 아니라는 사실을 우리는 기억해야 한다. 창조의 에너지가 흘러나오는 곳은 훨씬 더 깊고, 훨씬 더 강하다. 그 어떤 상처도, 그 어떤 기억도, 우리 부모가 무슨 짓을 했든, 사회가 우리에게 무엇을 했든, 그곳엔 닿을 수 없다. 그 중심은 더럽혀지지 않고, 부패하지 않으며, 소리도 물도 총알도 통과하지 못한다. 우리가 겪은 문제가 많을수록 그곳은 오히려 더 풍성해지고, 더 강해진다.

우리가 치유가 필요하다고 느끼는 영역은 개인적인 삶이다. 개인적인 삶과 내가 해야 할 일은 전혀 다른 영역이다. 게다가 자기 자신을 삶의 주인으로 세우는 일보다 더 깊은 치유가 있을까? 결국 치유의 핵심은 바로 자기의 중심을 회복하는 데 있지 않은가?

몇십 년 전, 나는 뉴욕에 흘러들어가 밤마다 택시를 몰며 20달러를 벌고, 온종일 진짜 해야 할 일로부터 도망치고 있었다. 그러던 어느 날, 월세 110달러짜리 하숙방에 홀로 앉아 내가 얼마나 엉뚱한 일들에 나 자신을 쏟아부으며 시간을 낭비했는지 되돌아보다가, 더는 그런 삶을 스스로에게조차 합리화할 수 없는 지점에 다다랐다. 나는 오래된 스미스 코로나 타자기를 꺼냈다. 그건 무의미하고, 아무런 결실도 없으며, 그 무엇보다도 고통스러운 일이 될 것 같았다. 그래도 나는 두 시간을 버티고 앉아 쓰레기 같은 글을 쏟아냈다. 그리고 바로 쓰레기통에 처박아 버렸다. 그걸로 충분했다. 나는 타자기를 치우고 부엌으로 갔다. 싱크대엔 열흘 치 설거지가 쌓여 있었다. 이상하게도 나에게는 에너지가 남아 있었고, 나는 설거지를 하기로 마음먹었다. 손에 닿는 따뜻한 물은 생각보다 기분 좋았고, 비누와 스펀지는 제 역할을 해냈다. 건조기엔 하나둘씩 깨끗한 접시들이 쌓여갔고, 어느 순간 휘파람을 불고 있는 자신을 발견할 수 있었다.

그 순간 나는 내가 어떤 고비를 넘었다는 것을 깨달았다. 그리고 이제 나는 괜찮을 거라는 확신이 들었다.

이해가 되는가? 아직 좋은 글을 써본 적이 없었다. 앞으로 몇 년이 더 걸릴지도 몰랐다. 어쩌면 평생 못 쓸 수도 있었다. 하지만 그건 중요하지 않았다. 중요한 건, 오랜 시간 도망만 치던 내가 마침내 책상에 앉아 글을 쓰기 시작했다는 사실이다.

오해하지 말길 바란다. 나는 진정한 치유에 반대하는 사람이 아니다. 우리 모두에게 치유는 필요하다. 하지만 그 치유는 우리가 해야 할 '일'과는 별개이며, 때때로 엄청난 저항의 형태가 되기도 한다. 저항은 '힐링'을 무척 사랑한다. 우리가 삶의 오래된 부당함과 상처를 계속 파헤치느라 정신 에너지를 소모할수록, 정작 우리의 일을 해낼 힘은 그만큼 줄어든다는 사실을 저항은 너무도 잘 알고 있다.

# 저항과 지지

혹시 워크숍에 가본 적이 있는가? 워크숍만큼 저항이 득실대는 곳도 없다. 말하자면, 워크숍은 저항 박사들을 배출하는 학교나 다름없다. 일 안 하고 버티기엔 워크숍만큼 완벽한 핑계도 없다. 하지만 내가 워크숍보다 더 싫어하는 단어가 하나 있다. 바로 '지지'다.

친구와 가족에게 지지를 구하는 것은 마치 임종의 순간에 사람들을 곁에 모아두는 것과 같다. 따뜻하고 위로가 되지만, 막상 배가 떠나는 순간이 오면 그들이 해줄 수 있는 일은 부두에 서서 손을 흔드는 것뿐이다.

우리가 살과 피를 가진 사람들로부터 받는 모든 지지는 마치 모노폴리 게임의 지폐와 같다. 그건 우리가 진짜로 해야 하는 일의 세계에서는 아무런 법적 효력이 없는 화폐일 뿐이다. 동료나 사랑하는 사람의 지지를 얻기 위해 애쓸수록, 우리는 오히려 점점 더 약해지고 스스로의 일을 감당할 힘을 잃게 된다.

내 친구 캐럴은 삶이 통제 불능 상태로 치닫고 있다고 느끼던 시기에 이런 꿈을 꾸었다고 한다.

그녀는 버스에 승객으로 타고 있었고, 브루스 스프링스틴<sup>Bruce Springsteen</sup>* 이 운전을 하고 있었다. 그런데 갑자기 그가 버스를 길가에 세우더니, 캐럴에게 키를 건네고는 그대로 달아나 버렸다. 꿈속에서 그녀는 몹시 당황했다. 어떻게 이렇게 크고 무거운 고속버스를 자신이 운전할 수 있단 말인가? 모든 승객의 시선이 그녀에게 쏠려 있었고, 아무도 대신 나설 기색은 없어 보였다. 결국 캐럴은 운전대를 잡았다. 그리고 놀랍게도, 자신이 이 버스를 운전할 수 있다는 사실을 깨달았다.

나중에 꿈을 분석하면서 그녀는 깨달았다. 브루스 스프링스틴은 '보스', 곧 그녀의 내면을 지배하는 상징적 존재였다. 버스는 그녀의 인생이었고, 보스는 이제 그녀가 자기 인생의 운전대를 잡아야 할 때라고 말해주고 있었던 것이다. 하지만 더 중요한 건, 그 꿈이 단순히 메시지를 전한 것에 그치지 않고 마치 시뮬레이터처럼 운전석에 앉아 버스를 통제할 수 있다는 감각을 느끼게 해주었다는 점이다. 그 감각은 그녀가 실제로도 삶의 운전대를 잡을 수 있다는 확신과 자신감을 심

---

* '더 보스'라는 별명으로 알려진 미국의 록 가수이자 작곡가로, 미국 노동자 계층의 정서를 대변하는 음악으로 유명하다.

어 주었다.

그런 꿈이야 말로 진짜 지지다. 일을 하기 위해 홀로 책상에 앉을 때, 그 꿈은 실제로 사용할 수 있는 수표 한 장이다.

**P.S.** 당신의 더 깊은 자아가 그런 꿈을 건네주었다면, 함부로 그 꿈에 대해 떠들고 다니지 마라. 그 힘을 희석시키지 마라. 그 꿈은 당신만을 위한 것이다. 당신과 뮤즈 사이의 은밀한 대화다. 입은 다물고, 그 힘을 일하는 데 써라.

예외가 있다면, 같은 전선에 선 동지에게 그 꿈이 힘이 되고 격려가 될 때뿐이다.

# 저항과 합리화

합리화는 저항의 오른팔이다. 우리가 해야 할 일을 하지 않으면서도, 그 비겁함을 마주하지 않도록 도와주는 역할을 하기 때문이다.

> **마이클:** 합리화를 너무 비난하지 마. 그거 없으면 우리가 어떻게 살아? 하루에 합리화 두 세 번은 해줘야 그날을 버티지. 섹스보다 훨씬 중요하다고.
>
> **샘:** 에이, 그건 아냐. 섹스보다 중요한 게 어딨어.
>
> **마이클:** 그래? 그럼 묻자. 일주일 동안 단 한 번도 합리화 안 하고 살아본 적 있어?
>
> — 영화 『더 빅 칠』 중에서[*]

하지만 합리화에는 언제나 따라붙는 조수가 있다. 바로 그 말들을 곧이곧대로 믿어버리는 우리 마음이다.

스스로에게 거짓말을 하는 것과, 그 거짓말을 진짜라고 믿는 것은 전혀 다른 차원의 이야기다.

---

[*] 『더 빅 칠(The Big Chill)』은 1983년 개봉한 미국 영화로, 대학 시절 절친했던 친구들이 한 친구의 자살로 다시 모이며 벌어지는 이야기를 그리고 있다.

# 저항과 합리화,
# 파트 2
————

저항은 곧 두려움이다. 하지만 저항은 너무 교활해서 그 모습을 있는 그대로 드러내지 않는다. 왜일까? 우리가 해야 할일을 가로막는 것이 두려움이라는 사실을 똑바로 마주하는 순간, 우리가 수치심을 느끼기 때문이다. 그리고 그 수치심은, 두려움을 무릅쓰고 행동하게 만드는 강력한 힘이 될 수 있다.

저항은 우리가 행동에 나서는 것을 결코 원하지 않는다. 그래서 '합리화'라는 수단을 동원하는 것이다. 합리화는 저항의 여론 조작자다. 저항은 등 뒤로 커다란 곤봉을 숨긴 채, 멀쩡한 얼굴로 우리 앞에 선다. 직접적으로 두려움을 보여주는 대신(그 두려움이 우리를 부끄럽게 만들고, 결국엔 일을 하게 만들 수 있으므로), 저항은 온갖 그럴듯한 이유들을 들이민다. 왜 지금은 안 되는지, 왜 아직 준비가 안 됐는지, 왜 이것 말고 저것부터 해야 하는지를 논리적이고 합리적으로 설명해 준다.

저항이 제시하는 합리화가 특히 교활한 이유는 대개 '사실'에 기반하고 있기 때문이다. 그 이유들은 듣기에 매우 그럴듯하다. 아내가 임신 막달이라 정말 집에 있어야 할지도 모른다. 직장에서 실제로 변화가 생겨 업무 시간이 늘어날 수 있다. 아이가 태어난 다음에 논문을 마무리하는 것이 이치에 맞아 보일 수도 있다.

하지만 저항이 말하지 않는 것이 있다. 이 모든 이유가 결국 아무 의미도 없다는 것이다. 톨스토이는 자녀가 열 셋이었지만 『전쟁과 평화』를 썼다. 베토벤은 청력을 완전히 잃은 상태에서 교향곡 9번 『합창』을 작곡했다.

# 저항은 이겨낼 수 있다.

만약 저항을 이겨낼 수 없었다면, 세상에는 베토벤 교향곡 5번도, 로미오와 줄리엣도, 금문교도 존재하지 않았을 것이다. 저항을 이겨낸다는 건 마치 출산과 같다. 도저히 불가능해 보이는 이 일을 여성들은 누군가의 도움 없이도, 혹은 도움을 받으며, 5천만 년 동안 성공적으로 수행해 왔다.

BOOK TWO

# 저항과의 전투

### 프로가 되는 법

전쟁을 공부하는 것과,
전사의 삶을 살아내는 것은 다르다.

— 텔라몬 (기원전 5세기, 아르카디아 출신 용병) —

# 프로와 아마추어

저항에 부딪쳐 자신이 재능을 끝내 피워내지 못하는 예술가들에게는 공통점이 하나 있다. 그들은 모두 아마추어처럼 생각한다. 아직 프로로 전환하지 못한 것이다.

예술가가 프로로 전환되는 순간은 마치 첫 아이의 탄생처럼 인생의 전환점이 된다. 단 한순간에 모든 것이 바뀌기 때문이다. 나는 내 인생을 프로가 되기 전과 후, 이 두 시기로 명확히 나눌 수 있다고 확신한다.

좀 더 분명히 하자면, 내가 말하는 '프로'는 의사나 변호사처럼 이른바 '전문직'을 뜻하는 것은 아니다. 내가 말하는 프로는 하나의 '이상'이며, 아마추어와 대조되는 삶의 태도다. 두 개념의 차이를 한번 살펴보자.

아마추어는 경기장에 놀러 온다. 프로는 목숨 걸고 뛴다.

아마추어에게 일은 취미다. 프로에게는 소명이다.

아마추어는 틈날 때 일한다. 프로는 인생 전부를 걸고 일한다.

아마추어는 주말에만 싸운다. 프로는 매일 전장에 선다.

아마추어라는 단어는 '사랑하다'라는 뜻의 라틴어에서 유래했다. 그래서 흔히들 아마추어는 사랑 때문에, 프로는 돈 때문에 일한다고 생각한다. 하지만 나는 그렇게 보지 않는다. 내 생각엔 아마추어는 그 일을 충분히 사랑하지 않는다. 진심으로 사랑했다면, 그 일은 '진짜 일'과는 별개인 부업이 아니었을 것이다.

프로는 그 일을 너무 사랑해서 자신의 삶을 건다. 자기 인생을 통째로 바친다.

그게 바로 내가 말하는 '프로'가 된다는 것이다. 그리고 저항은 우리가 프로가 되는 그 순간을 무엇보다도 증오한다.

# 프로란?

누군가 한번은 서머싯 모옴<sup>Somerset Maugham</sup>＊에게 이렇게 물었다. "정해진 일정에 따라 글을 쓰시나요, 아니면 영감이 떠오를 때만 쓰시나요?" 그는 이렇게 대답했다. "영감이 떠오를 때만 씁니다." 그러고는 덧붙였다. "다행히도 매일 아침 아홉 시 정각에 영감이 떠오른답니다."

이게 바로 프로다.

저항이라는 관점에서 보자면, 모옴은 이렇게 말한 셈이다. "나는 저항을 경멸한다. 나는 그것에 흔들리지 않는다. 나는 자리에 앉아 내 일을 끝까지 해낸다."

모옴은 또 하나의 더 깊은 진실을 알고 있었다. 그것은 그저 자리에 앉아 일을 시작하는 평범한 행위만으로도, 영감을 떠올리는 신비롭고도 틀림없는 일련의 흐름을 작동시킬 수 있다는 사실이다. 마치 영감의 여신이 그의 스케줄에 손목시계를 맞추기라도 한 것처럼.

---

＊『달과 6펜스』, 『인간의 굴레에서』 등을 쓴 영국의 소설가이자 극작가.

그는 알았다.

자리를 마련하면, 그녀는 반드시 온다는 것을.

# 작가의 하루

나는 어딘가 허전하고 만족스럽지 못한 감각을 안고 눈을 뜬다. 벌써부터 두려움이 밀려들고, 가족의 얼굴이 희미해지기 시작한다. 나는 그들과 대화하고, 함께 시간을 보내며 그 자리에 있다. 그러나 동시에, 거기에 없다.

일에 대해 생각하고 있는 건 아니다. 그건 이미 뮤즈에게 맡겨 두었다. 내가 온전히 인식하고 있는 건 '저항'이다. 뱃속 깊은 곳에서부터 그것이 느껴진다. 나는 저항에게 최대한의 경외심을 갖는다. 왜냐하면 저항은 언제든지 나를 무너뜨릴 수 있기 때문이다. 마치 술 한 잔이 알코올 중독자를 순식간에 다시 수렁으로 끌고 갈 수 있는 것처럼.

나는 집안일을 하고, 편지를 쓰고, 일상의 의무들을 하나하나 해치운다. 앞서 말했듯이, 나는 그 자리에 있지만 실은 거기에 없다. 머릿속에는 시계가 째깍거리며 돌아간다. 일상의 자잘한 일들에 잠시 시간을 쓸 순 있지만, 종이 울리면 모든 걸 멈춰야 한다.

나는 '우선순위의 원칙'을 잘 알고 있다. (a) 긴급한 일과 중요한 일을 구별해야 하며, (b) 언제나 중요한 일을 먼저 해야 한다는 것.

지금 나에게 중요한 건 바로 '일'이다. 지금 내가 전장을 향해 몸을 갖춰야 하는 이유이며, 내가 가진 모든 것을 거기에 쏟아부어야 하는 이유다.

정말로 내 일이 이 지구의 생존에 꼭 필요하다고 믿느냐고? 물론 그건 아니다. 하지만 그것은 지금 창밖을 맴도는 저 매가 쥐를 잡는 일만큼은 중요하다. 그 매는 굶주려 있다. 그는 반드시 사냥해야 한다. 나도 마찬가지다.

이제 집안일은 끝났다. 그리고 시간이 되었다. 나는 조용히 기도를 올리고, 사냥을 위해 길을 나선다.

아직 해는 뜨지 않았다. 공기는 차갑고, 들판은 축축하다. 가시덤불이 발목을 긁고, 튕겨진 나뭇가지가 얼굴을 친다. 이 언덕은 참으로 고약하다. 하지만 어쩌겠는가? 한 발 한 발 내

딛으며 계속 오르고, 또 오르는 수밖에.

한 시간이 지났다. 몸이 따뜻해졌다. 속도를 올리자 피가 돈다. 세월이 내게 가르쳐 준 기술이 하나 있다면, 그것은 '비참함을 견디는 법'이다. 나는 조용히 입을 다물고 묵묵히 나아간다. 이건 인간으로서 유익한 능력이다. 신들의 노여움을 사지 않으면서, 때로는 그들의 개입을 불러올 수도 있기 때문이다. 불평하는 내 자아는 점점 물러나고, 본능이 그 자리를 대신한다. 또 한 시간이 흐른다. 덤불이 우거진 언덕 모퉁이를 돌자, 마침내 통통하게 살찐 토끼 한 마리가 내 눈앞에 나타난다. 계속 나아가기만 한다면 언젠가 나타나리라는 걸 나는 알고 있었다.

언덕에서 집으로 돌아온 나는, 신들에게 감사하며 사냥감의 일부를 바친다. 그들이 내게 가져다준 것이니, 그들 또한 몫을 누릴 자격이 있다. 나는 진심으로 감사하다.

나는 불가에 앉아 아이들과 농담을 나눈다. 아이들은 기뻐한다. 아버지가 오늘도 먹을 것을 가져왔기 때문이다. 아내도 기쁘다. 그녀는 부엌에서 사냥감을 요리하고 있다. 나 역시 기쁘다. 오늘 하루, 이 땅에서 살아갈 자격을 또 한 번 얻었기 때문이다.

저항은 이제 더 이상 나를 방해하지 않는다. 사냥도, 일도 더 이상 생각나지 않는다. 목과 등에 쌓였던 긴장이 서서히 풀려간다. 오늘 밤 내가 느끼고 말하고 행동하는 모든 것은 거부되거나 해결되지 않은 자아에서 나오는 것이 아니다. 저항에 물들지도 않았다.

나는 만족스러운 마음으로 잠자리에 든다. 그러나 마지막으로 떠오르는 생각은 역시, 저항이다. 내일 아침이 되면 그놈은 또다시 나를 찾아올 것이다. 나는 벌써부터 마음을 다잡고 있다.

# 비참함을 견디는 방법

징집을 피하려 애쓰던 젊은 시절, 어쩌다 보니 나는 결국 해병대에 입대하게 되었다. 해병대에는 '아기 같은 얼굴로 입대했던 신병도 피에 굶주린 살인자가 되어 나온다'는 전설이 있다. 그런데 내가 확실하게 말해줄 수 있는 건, 해병대가 그렇게까지 효율적인 조직은 아니라는 사실이다. 그럼에도 나는 그곳에서 그보다 훨씬 더 유용한 교훈 하나를 얻었다.

해병대는 비참함을 견디는 방법을 알려준다. 이건 예술가에게 필수적인 덕목이다.

해병대원은 비참한 상황을 정말 즐긴다. 식사는 차가울수록, 장비는 형편없을수록, 전사율은 타군보다 높을수록, 어딘가 기묘한 만족감을 느낀다. 그들이 멸시하는 육군<sup>dogfaces</sup>, 해군<sup>swab jockeys</sup>, 공군<sup>flyboys</sup>보다 더 거칠고 힘든 환경이 주어질수록 그들은 오히려 자부심을 느낀다. 왜냐고? 그 애송이들은 '비참함을 견디는 법'을 모르기 때문이다.

예술에 헌신하기로 마음먹었다면, 그것은 알든 모르든 지옥에 자원입대한 것이나 다름없다. 앞으로 고립과 거절, 자기 의심과 절망, 조롱과 경멸, 그리고 굴욕을 끼니 삼아 살아가게 될 것이기 때문이다.

예술가는 해병대 같아야 한다. 그는 비참함을 견디는 법을 알아야 하고, 나아가 그 비참함을 즐길 줄도 알아야 한다. 땅개, 물개, 하늘개보다 더 고된 환경을 견뎌냈다는 데서 오히려 자부심을 느껴야 한다. 왜냐하면 이건 전쟁이기 때문이다. 그리고 전쟁은 지옥이다.

# 우린 모두 이미 프로다.

우리는 모두 이미 한 분야에서는 프로다. 바로 우리의 '직업'이다. 우리는 월급을 받고, 돈을 벌기 위해 일한다. 우리는 프로다.

그렇다면 우리의 일상에서 성공적으로 업무를 수행할 수 있게 해준 원칙 중 창작 활동에도 적용할 수 있는 것이 있을까? 우리를 '프로'라고 정의할 수 있게 해주는 자질은 과연 무엇일까?

1) **우리는 매일 출근한다.** 해고 당하지 않기 위해서든, 어쨌든 매일 같이 출근한다. 하루도 빠지지 않고.

2) **무슨 일이 있어도 출근한다.** 아프든 건강하든, 천둥이 치든 홍수가 나든, 우리는 휘청거리면서도 공장 문을 들어선다. 이유가 동료에 대한 책임감이든, 그보다 덜 고상한 동기이든 상관없다. 어쨌든 우리는 일하러 간다. 무슨 일이 있어도.

3) **우리는 하루 종일 그 자리에 앉아 있다.** 정신은 딴 데 팔려

있을지 몰라도, 몸은 자리를 지킨다. 전화가 울리면 받고, 고객이 찾아오면 응대한다. 퇴근 종이 울리기 전엔 집에 가지 않는다.

4) **우리는 일에 장기적으로 헌신한다.** 내년쯤 다른 회사나 다른 나라로 옮길 수도 있겠지만, 어디에 있든 우리는 계속 일할 것이다. 복원에 당첨되지 않는 한, 노동을 멈출 수는 없다.

5) **우리에게 일의 성패는 크고 현실적인 문제다.** 생존, 가족의 생계, 아이들 교육, 밥줄이 걸린 문제다.

6) **우리는 일에 대한 보수를 받는다.** 우리는 재미로 일하지 않는다. 돈을 벌기 위해 일한다.

7) **우리는 직업과 자신을 동일시하지 않는다.** 일에 자부심을 가질 수는 있지만, 그 일이 곧 나 자신은 아니라는 걸 안다. 야근을 하고, 주말에도 나올 수 있지만, 우리는 자신을 직무 설명서와 동일시하지는 않는다. 반면, 아마추어는 자신의 취미, 혹은 예술적 열망과 자신을 과도하게 동일시한다. 그는 '나는 음악가다', '나는 화가다'라고 스스로를 정의한다. 저항은 이런 성향을 좋아한다. 왜냐면 아마추어 작곡가는 자기 작품의 성공에 지나치게 집착하고, 실패를 과도하게 두려워하기 때문에 결국 교향곡을 완성하지 못하리라는 것을 저항은

알고 있기 때문이다.

**8) 우리는 일에 필요한 기술을 열심히 연마한다.**

**9) 우리는 자기 일에 대한 유머 감각을 잃지 않는다.**

**10) 일에 대한 모든 칭찬과 비난은 현실 세계로부터 온다.**

그럼 이제 아마추어를 한번 살펴보자. 야심만만한 화가, 극작가 지망생 같은 이들 말이다. 그들은 자신의 일을 어떻게 추구할까?

첫째, 그는 매일 출근하지 않는다. 둘째, 무슨 상황에도 불구하고 출근하지 않는다. 셋째, 하루 종일 자리를 지키지 않는다. 그는 장기적으로 헌신하지 않으며, 일의 성패가 갖는 의미도 대체로 허상에 가깝다. 그는 그 일로 돈을 벌지 못하고, 예술과 자신을 지나치게 동일시한다. 실패를 농담처럼 넘길 유머 감각도 없다. "이 빌어먹을 삼부작 때문에 진짜 죽을 맛이야!"라고 불평이라도 하면 다행인데, 그조차 하지 않는다. 그냥 쓰지 않기 때문이다.

아마추어는 자신의 예술이 요구하는 기술도 익히지 않는다. 그리고 현실 세계의 평가에 자신을 드러내지도 않는다. 친구에게 시를 보여주고 "와, 너무 좋다!"는 말을 듣는다 해도, 그런 건 진짜 피드백이 아니다. 그저 친절일 뿐이다. 현실 세계가 주는 확신은 그 어떤 것보다 강하다. 실패에 대한 확신일지라도.

17년간의 노력 끝에 내가 처음으로 맡게 된 전문 작가 일은 『킹콩 라이브스<sup>King Kong Lives</sup>』라는 영화에서였다. 당시 내 파트너였던 론 슈셋<sup>Ron Shusett</sup>(『에이리언』과 『토탈 리콜』을 만든 뛰어난 작가이자 프로듀서)과 함께 디노 들로렌티스<sup>Dino DeLaurentiis</sup>*를 위해 시나리오를 썼다. 우리는 결과물에 무척 만족했고, 대박을 확신했다. 완성된 영화를 본 후에는 더욱 그랬다. 시사회에는 아는 사람 모두를 초대했고, 승리의 밤을 축하하기 위해 옆 가게까지 빌렸다. 친구들에게는 사람들로 미어터질 테니 일찍 오라고 말해두었다.

하지만 아무도 나타나지 않았다. 우리가 초대한 사람들 외에 줄을 선 사람은 단 한 명뿐이었고, 그마저도 잔돈 좀 있냐고 중얼거리는 구걸꾼이었다. 상영관 안에서 친구들은 말없이 멍하니 영화를 견뎌냈고, 불이 켜지자 바퀴벌레처럼 어둠 속으로 흩어져 사라졌다.

---

* 『라 스트라다』, 『듄』, 『한니발』 등을 제작한 이탈리아 출신의 영화 프로듀서.

다음날 『버라이어티<sup>Variety</sup>』*에 리뷰가 실렸다. "로널드 슈셋과 스티븐 프레스필드. 이게 실명이 아니길 두 사람 부모님을 위해 진심으로 바랍니다." 개봉 첫 주 수익은 미미하기 그지 없었다. 그래도 나는 끝까지 희망을 놓지 않았다. '도시에서만 부진한 걸지도 몰라. 외곽에선 좀 더 나을 수 있잖아.' 나는 차를 몰고 대도시 외곽이라면 어디에서나 있을 법한 복합 영화관으로 향했다. 한 젊은 직원이 팝콘 부스를 지키고 있었다. "킹콩 라이브스 어때요?" 내가 물었다. 그는 엄지손가락을 아래로 내리며 말했다. "보지 마세요. 완전 꽝이에요."

나는 충격에 빠졌다. 그때 나는 마흔 두 살이었고, 이혼한 상태였고, 아이도 없었다. 작가가 되겠다는 꿈 하나로 정상적인 삶의 궤도에서 벗어나 살아온 세월이었다. 그런 내 이름이 드디어 린다 해밀턴<sup>Linda Hamilton</sup>** 주연의 할리우드 대작에 올라간 건데, 결과가 이렇다니? 나는 패배자였다. 가짜였다. 내 인생도, 나 자신도 아무런 가치가 없는 것만 같았다.

그런 나를 정신 차리게 해준 건 친구 토니 케펠먼이었다. 그는 내게 물었다. "이제 글 쓰는 거 그만둘 거야?" 내가 대답

---

* 미국의 대표적인 연예 전문 매체로, 영화, 텔레비전, 연극 등 엔터테인먼트 업계 전반에 걸친 리뷰와 뉴스를 다룬다.
** 영화 『터미네이터』 시리즈에서 '사라 코너' 역할로 유명한 미국 배우.

했다. "절대 아니지." 그러자 그가 말했다. "그럼 그냥 행복을 만끽해. 지금 네가 원하던 자리에 와 있잖아. 몇 방 맞는다고 해도 그게 어때서. 그게 바로 경기장 안에 있는 대가야. 관중석에 앉아 있는 게 아니란 말이지. 불평은 그만하고, 감사할 줄 알아."

그때서야 나는 내가 진짜 프로가 되었다는 걸 알았다. 성공은 아직이었지만, 진짜 실패를 겪었기 때문이다.

# 일을 사랑하기 때문에

프로에 대해 한 가지 분명히 짚고 넘어가야 할 점이 있다. 프로는 일의 대가로 돈을 받는다. 그러나 그가 일하는 진짜 이유는 그 일을 사랑하기 때문이다. 사랑하지 않고서는 자기 삶 전체를 그 일에 기꺼이 바칠 수 없다.

하지만 프로는 또한 알고 있다. 사랑이 지나치면, 그 열정이 오히려 독이 될 수 있다는 사실을. 너무 큰 사랑은 그를 질식시킬 수 있다. 프로가 자신의 일에 대해 담담하고 차갑게 보이는 이유는 그런 감정을 억제하려는 방어기제 때문이다. 너무 사랑한 나머지, 온몸이 얼어붙고 마비되는 일을 막기 위한 장치인 것이다. 프로는 돈을 벌기 위해 일하거나, 혹은 적어도 돈을 위해 일하는 사람의 태도를 취함으로써 스스로의 과도한 열정을 조절한다. 그렇게 해서 그는 자기 일을 지속할 수 있는 힘을 얻는다.

두려움과 사랑, 그리고 저항에 대해 우리가 나눴던 이야기를 기억해 보자. 당신이 자신의 예술, 소명, 혹은 사업을 깊이 사랑할수록, 그리고 그 일이 당신의 영혼의 성장에 있어서 얼마나 중요한지 깨달을수록, 그만큼 더 큰 두려움과 강력한 저항을 마주하게 될 것이다. '돈을 벌기 위해 일한다'라는 태도가 주는 보상은 실제 돈이 아니다(프로가 된다고 해서 반드시 큰돈을 버는 것도 아니다). 진짜 보상은 바로 그 태도 자체가 프로다운 자세를 길러준다는 데에 있다. 도시락을 들고 출근하듯, 눈이 오나 비가 오나, 밤이 되든 새벽이 되든 꿋꿋이 자리를 지키고 묵묵히 매일을 버텨대는 단단한 마음가짐, 바로 그 태도를 길러준다.

작가는 보병이다. 그의 진격은 하루, 한 시간, 한 순간씩 적으로부터 빼앗아낸 땅의 크기로 특정된다. 그 땅은 피로 대가를 치른 것이다. 예술가는 전투화를 신는다. 거울을 들여다보면, 그 안에는 지아이 조<sup>GI Joe</sup>*가 서 있다. 뮤즈는 묵묵히 일하는 사람을 편애한다. 그녀가 진심으로 싫어하는 건 프리 마돈나<sup>prima donna</sup>**같은 태도다. 신들이 가장 큰 죄로 여기는 것도 강간이나 살인이 아니다. 교만이다. 자신을 용병이라 생각해보라. 돈 받고 일하는 총잡이라는 태도는 필요한 겸손을 심

---

\* 미군 병사를 통칭하는 표현.
\*\* 원래 오페라의 주역 소프라노를 뜻하는 말이지만 '잘난 척하고 대접받기를 원하는 사람'이라는 의미로도 쓰인다.

110

어준다. 그 겸손이 교만을 씻어내고, 자기 연민과 과도한 자기애를 정화시켜 준다.

저항은 교만과 '자신을 아끼는 마음'을 아주 좋아한다. 저항은 이렇게 말한다. "본인 수준엔 그 일이나 그 직업이 안 맞는다고 잘난 체하는 작가가 있다면 데려와 봐. 내가 호두처럼 순식간에 깨뜨려줄 테니까."

정확히 말해 프로는 돈을 받는다. 프로는 돈을 받고 일하는 사람이다. 하지만 결국, 그는 사랑으로 그 일을 한다.

이제 생각해보자. 진짜 '프로'에게는 어떤 특징이 있을까?

# 프로는 인내심이 강하다.

저항이 아마추어를 무너뜨리는 방식은 아주 고전적이다. 바로 그의 열정을 그 자신에게 되돌리는 것이다. 저항은 지나치게 야심차고 비현실적인 일정을 세우게 부추긴다. 우리는 그 열정을 끝까지 유지할 수 없다. 결국 벽에 부딪히고, 추락하게 된다.

하지만 프로는 다르다. 그는 만족의 지연을 이해한다. 그는 메뚜기가 아니라 개미고, 토끼가 아니라 거북이다. 실베스터 스탤론이 『록키』의 각본을 3일 밤을 새워 완성했다는 전설을 들어본 적 있는가? 어쩌면 사실일지도 모른다. 그러나 막 눈을 뜬 작가에게 그것만큼 위험한 신화도 없다. 그 신화는 고통도 끈기도 없이 대작을 쓸 수 있다는 헛된 믿음을 심어주기 때문이다.

프로는 인내심으로 자신을 무장한다. 이는 단지 '운이 따라와 성공의 별자리가 맞춰질 때까지' 기다리기 위해서만이 아니다. 그는 매 작품마다 스스로를 불태워 소진하지 않기 위해서도 인내가 필요하다는 것을 안다. 소설이든, 주방 리모델링이든, 모든 일은 항상 예상보다 두 배의 시간과 두 배의 비용이 들기 마련이다. 그는 그 사실을 받아들이고, 그것을 현실로 인정한다.

프로는 프로젝트를 시작할 때, 스스로를 단단히 준비시킨다. 이 일은 60미터 단거리 경주가 아니라, 알래스카의 '이디타로드Iditarod' 개썰매 경주처럼 길고 험한 여정이란 것을 그는 알고 있다. 그래서 그는 자신의 에너지를 아끼고, 마음의 긴 호흡을 준비한다. 그는 이렇게 스스로를 다독인다. 허스키들이 계속 앞으로 나아가기만 한다면, 언젠가는 썰매가 반드시 목적지인 놈Nome 마을에 도착할 것이라고.

# 프로는 질서를 추구한다.

한때 몰고 다니던 트럭 뒷좌석에서 숙식해야 했던 적이 있다. 그때는 글을 쓰려면 타이어 공구, 더러운 빨래, 썩어가는 책더미 아래에 파묻힌 타자기를 간신히 꺼내야 했다. 내 트럭은 둥지이자 벌집이었고, 바퀴 달린 지옥 같은 공간이었다. 매일 밤, 잠을 자려면 몸을 누일 만큼이라도 물건을 치우고 겨우 잠자리를 마련해야 했다.

프로는 그렇게 살 수 없다. 그에게는 주어진 사명이 있기에 무질서를 용납하지 않는다. 그는 마음속의 혼란을 몰아내기 위해 먼저 사물의 혼돈부터 정리한다. 문지방은 쓸고, 카펫은 말끔히 먼지를 빨아들인다. 그래야 뮤즈가 찾아왔을 때, 그녀의 옷자락이 더럽혀지지 않기 때문이다.

# 프로는 환상을 품지 않는다.

프로는 자신의 일을 예술이 아니라 기술로 여긴다. 예술에 신비로운 차원이 없다고 믿기 때문이 아니다. 오히려 그 반대다. 그는 모든 창조 행위가 본질적으로 거룩하다는 것을 잘 알고 있다. 하지만 거기에 너무 몰입하면 오히려 몸이 굳어 아무것도 하지 못하게 된다는 사실도 안다. 그래서 그는 기술에 집중한다. 프로는 '어떻게'에 집중하고, '무엇'과 '왜'는 신들의 영역으로 남겨둔다. 또한 영감이 오기만을 기다리지 않는다. 서머싯 몸처럼, 영감이 찾아올 것을 기대하며 먼저 행동에 나선다. 프로는 영감을 구성하는 보이지 않는 요소들이 얼마나 미묘하고 중요한지 잘 안다. 그리고 그들을 존중한다. 그는 그 신비로운 요소들이 제 역할을 다할 수 있도록 자리를 내어주고, 자신은 자신의 작업에 집중한다.

아마추어의 특징은 신비로움에 대해 지나치게 미화하고, 그 신비에 집착한다는 점이다.

프로는 입을 다문다. 그는 신비로움을 떠벌리지 않는다. 그저 묵묵히 자신의 일을 해낼 뿐이다.

# 프로는 두려움 앞에서도 행동한다.

아마추어는 두려움을 먼저 극복해야 비로소 일을 시작할 수 있다고 믿는다. 그러나 프로는 안다. 두려움은 결코 완전히 사라지지 않는다는 것을. 공포를 모르는 전사도, 두려움 없는 예술가도 이 세상에 존재하지 않는다는 사실을.

헨리 폰다는 대기실 화장실에서 구토를 하고 난 다음, 스스로 그 자리를 정리하고 무대 위로 나아갔다. 그는 여전히 두려움에 사로잡혀 있었지만, 그럼에도 불구하고 자신을 억지로 앞으로 밀어냈다. 그는 알고 있었다. 일단 무대에 올라 연기를 시작하면, 두려움은 점차 사라지고 자신도 괜찮아질 것이라는 사실을.

# 프로는 어떤 핑계도 대지 않는다.

아마추어는 저항의 교활함을 얕잡아본다. 그래서 독감에 걸리면 그 핑계로 작업을 미루고, 그날의 할 일보다 원고를 우편으로 부치는 일이 더 중요하다는 머릿속 뱀의 속삭임에 고스란히 넘어간다.

프로는 경험을 통해 저항의 교활함을 잘 안다. 그는 결코 저항을 얕보지 않는다. 아무리 그럴듯한 구실이 있어도 오늘한 번 굴복하면, 내일 또 굴복할 가능성은 두 배가 된다는 사실을 알기 때문이다.

프로는 저항이 텔레마케터처럼 집요하다는 걸 안다. '여보세요' 한 마디만 해도 끝장이다. 그래서 그는 아예 전화를 받지 않는다. 그는 묵묵히 자리에 앉아 일에 몰두한다.

# 프로는 주어진 환경을
# 받아들인다.

내 친구 호크와 나는 스코틀랜드의 프레스위크 골프장에서 1번 홀을 치고 있었다. 왼쪽에서 강풍이 몰아쳤고, 나는 바람을 계산해, 8번 아이언으로 공을 30야드쯤 띄웠다. 하지만 돌풍이 공을 낚아채고 말았다. 공은 오른쪽으로 휘어져 그린을 옆으로 가로지른 후, 양배추밭 바깥으로 튕겨 나갔다. 나는 멍하니 그 모습을 바라볼 수밖에 없었다. "이런 젠장!" 나는 캐디를 향해 소리쳤다. "방금 그 바람 봤어요? 내 공을 완전히 날려버렸네요."

그는 스코틀랜드 캐디만에 지을 수 있는 표정으로 나를 바라보며 말했다. "그래도 바람 따라 쳐야지요, 안 그래요?"

프로는 현실에서 일한다. 역경과 불의, 부당한 판정, 엉뚱한 곳으로 튕겨 나가는 공, 예상치 못한 행운과 불운, 이 모든 것이 그가 싸워야 할 현실의 일부임을 그는 잘 알고 있다. 프로는 이 세상이 평평한 경기장이 되는 일은 없다는 것과, 진짜로 공정한 필드는 오직 천국에만 존재한다는 것을 알고 있다.

# 프로는 미리 준비한다.

여기서 말하는 준비는 기술적인 준비가 아니다. 그런 건 말할 필요도 없이 당연한 일이다. 프로는 더 깊은 차원의 준비를 한다. 그는 매일, 자기 안의 자기 파괴 충동에 맞설 준비를 한다.

프로는 저항이 얼마나 번식력이 좋고 교묘한지 잘 알고 있다. 저항은 이전에 본 적도 없는 방식으로 그를 흔들어댈 것이다.

프로는 마음의 준비를 한다. 타격을 흡수할 준비도, 되돌려 줄 준비도 되어 있다. 그날이 주는 것을 그대로 받아내는 것이 그의 목표다. 신중할 준비도, 무모할 준비도, 맞을 준비도, 기회가 오면 망설임 없이 덤벼들 준비도 되어 있다. 전장은 날마다 바뀐다는 것을 그는 알고 있다. 그의 목표는 승리가 아니다. 성공은 때가 되면 저절로 찾아올 것이다. 프로의 진짜 목표는 흔들리지 않는 자신을 만드는 것, 자신의 내면을 강인하고 단단하게 단련하는 것이다.

# 프로는 자랑하지 않는다.

프로의 작업에는 분명한 스타일과 독창성이 있다. 하지만 그는 자신의 독창성을 과시하지 않는다. 그의 스타일은 오직 작업을 위한 것이다. 자기 자신에게 관심을 끌기 위한 수단으로 쓰지 않는다.

물론 프로도 가끔 360도 토마호크 덩크슛<sup>360 tomahawk jam</sup>을 날릴 때가 있다. 자신이 아직 죽지 않았음을 동료들에게 보여주기 위해서다.

# 프로는 기술을 연마하는 데 자신을 바친다.

프로는 자신의 기술을 존중한다. 그는 자신이 그 기술보다 우월하다고 여기지 않는다. 자신보다 먼저 이 길을 걸으며 기여해온 이들의 공헌을 인정하고, 그들에게 배우는 마음으로 스스로를 단련한다.

프로가 기술을 연마하는 데 전념하는 이유는, 기술이 영감을 대체할 수 있다고 믿기 때문은 아니다. 그보다는 영감이 찾아올 때, 자신이 쓸 수 있는 모든 무기를 갖추고 있기 위해서다. 프로는 영리하다. 그는 앞문에서 묵묵히 기술을 연마하고 있을 때, 뒷문으로 천재성이 들어설 여지를 남겨둘 수 있다는 것을 안다.

# 프로는 도움을 구하는 데
# 주저하지 않는다.

타이거 우즈는 세계 최고의 골퍼다. 그럼에도 그에게는 여전히 스승이 있다. 그는 부치 하먼Butch Harmon과 함께 훈련한다. 그리고 그의 가르침을 억지로 견디는 것이 아니라, 진심으로 즐긴다. 그가 가장 사랑하는 골프라는 세계에 대해 더 깊이 배우기 위해 부치와 함께 연습장에 나가는 시간이야 말로 타이거에게 가장 큰 직업적 기쁨 중 하나다.

타이거 우즈는 유능한 프로다. 그는 아마추어처럼 자신이 모든 것을 알고 있다고 여기지 않는다. 또한 혼자서 모든 것을 알아낼 수 있다고도 생각하지 않는다. 오히려 그는 가장 지혜로운 스승을 찾고, 그의 말을 두 귀로 경청한다. 그는 골프 역시 다른 예술과 마찬가지로, 끝없는 계시가 펼쳐질 수 있는 세계임을 알고 있다.

# 프로는 창작도구와
# 자신을 분리한다.

프로는 자신과 창작도구 사이에 일정한 거리를 둔다. 여기서 말하는 도구란, 그가 작업에 사용하는 인격, 신체, 목소리, 재능 등 모든 신체적, 정신적, 감정적, 심리적인 존재 전반을 의미한다. 그는 자신을 그 도구와 동일시하지 않는다. 그건 단지 신이 그에게 맡긴 도구일 뿐이며, 그는 가진 것으로 일할 뿐이다. 프로는 그것을 냉정하고, 인격화하지 않고, 객관적으로 바라본다.

프로는 자신의 의식과 의지를 자신으로 인지할 뿐, 그 의식과 의지가 활용하는 대상과 자신을 혼동하지 않는다. 마돈나가 집에서도 콘 브라에 섹시한 코르셋 차림으로 돌아다닐까? 그녀는 아마도 공연 준비로 너무 바쁠 것이다. 마돈나는 '마돈나'와 자신을 동일시하지 않는다. 그녀는 단지 '마돈나'라는 페르소나를 고용했을 뿐이다.

# 프로는 실패나 성공을
# 개인적으로 받아들이지 않는다.

사람들은 예술가는 얼굴이 두껍다고 말한다. 하지만 그것은 그 사람이 둔감하거나 눈치가 없는 것을 의미하지 않는다. 그보다는, 그의 직업적 의식이 개인적인 자아와는 다른 곳에 자리잡고 있다는 뜻이다. 이렇게 되려면 무척 강인한 인격이 필요하다. 왜냐하면 우리의 가장 깊은 본능은 이와 반대되는 방향으로 움직이기 때문이다. 우리는 진화적으로, 거절을 뼛속 깊숙이 받아들이도록 설계되어 있다. 한때 부족 사회는 추방의 위협으로 복종을 강요했고, 그로 인해 거절에 대한 두려움은 단순히 심리적인 반응을 넘어 생물학적 본능이 되었다. 그 두려움은 우리 세포 안에 각인되어 있다.

저항은 이러한 인간의 특성을 잘 알고 있으며, 이를 우리에게 불리하게 사용한다. 저항은 거절에 대한 두려움으로 우리를 마비시키고, 작업 자체를 방해하거나, 최소한 그 결과물을 세상의 평가 앞에 내놓지 못하도록 만든다. 내게는 소중한 친구가 한 명 있었다. 그는 몇 년 동안 정성껏, 그리고 아주 개인적인 이야기를 담은 훌륭한 소설을 집필했다. 원고는 완성되었고, 봉투에 넣은 상태로 그의 책상 위에 있었다. 그러나 그는 끝내 그것을 발송하지 못했다. 거절에 대한 두려움이 그를 무력하게 만든 것이다.

프로는 거절을 개인적인 일로 받아들이지 않는다. 그렇게 하는 순간, 저항이 더 강해지기 때문이다. 적은 편집자가 아니다. 비평가도 아니다. 진짜 적은 저항이다. 전장은 언제나 우리 자신의 머릿속이다. 설령 그 비평이 사실일지라도, 외부의 목소리가 내면의 적을 강화하도록 내버려둘 수 없다. 적은 이미 그 자체로도 강력하기 때문이다.

프로는 자신의 일에 온 마음과 영혼을 쏟으면서도, 그 결과물과 자신을 분리할 수 있도록 스스로를 훈련한다. 『바가바드 기타 $^{Bhagved\text{-}Gita}$』*는 말한다. 우리가 가질 수 있는 권리는 노동 그 자체에 대한 것이지, 그 노동의 결과에 대한 것이 아니라고. 전사가 할 수 있는 일은 오직 목숨을 내놓는 것이다. 운동선수가 할 수 있는 일은 경기장에 모든 것을 쏟아붓고, 뒤를 돌아보지 않는 것이다.

* 힌두교 경전 『마하바라타』에 포함된 철학적 대화 형식의 서사시. '거룩한 신의 노래'라는 뜻이며 크리슈나와 아르주나 사이의 대화를 담고 있다.

프로는 자신의 일을 진심으로 사랑한다. 그는 마음을 다해 그 일에 자신을 투자한다. 그러나 그 일이 결코 자기 자체는 아님을 잊지 않는다. 그의 예술적 자아 안에는 수많은 작품과 수많은 무대가 담겨 있다. 그리고 벌써, 다음 작품이 그 안에서 천천히 움트고 있다. 그는 다음 작품은 더 좋을 것임으로 알고 있다. 그리고 그 다음 작품은 그보다 더 좋을 것이다.

프로는 타인의 인정에 기대지 않는다. 그는 마음이 단단하다. 누군가가 자신의 작업에 무심하든, 과하게 치켜세우든, 그는 냉정하고 객관적으로 자신의 결과물을 평가한다. 부족한 부분이 있다면 그것을 개선하고, 잘한 부분이 있다면 그것조차 더 나아지게 만든다. 그는 더 열심히 일한다. 그리고 내일도 다시 책상 앞에 앉을 것이다.

프로는 비판에도 귀를 기울이며, 늘 배우고 성장하려 한다. 그러나 그는 저항이 얼마나 교묘하게 비판을 이용해 자신을 무너뜨리려 달려드는지를 알고 있다. 저항은 비판을 동원해, 이미 마음속에 자리한 두려움을 더욱 강화시킨다. 그리하여 그의 의지를 꺾고, 헌신을 무너뜨리려 한다. 하지만 프로는 거기에 넘어가지 않는다. 그는 무엇보다 먼저 이렇게 결심한다. '무슨 일이 있어도, 나는 절대로 저항에게 지지 않을 것이다.'

# 프로는 역경을 견딘다.

나는 허영의 도시, 할리우드에서 5년을 보냈다. 아무런 기약 없이 아홉 편의 시나리오를 완성했고, 단 하나도 팔리지 않았다. 그러던 어느 날, 마침내 유명한 프로듀서와 미팅을 잡을 수 있었다. 하지만 내가 작품을 소개하는 동안에도 그는 계속 전화를 받았다. 그는 헤드셋을 착용하고 있었기 때문에 수화기를 들 필요조차 없었고, 전화가 올 때마다 모두 받았다. 마침내 업무 전화가 아닌 개인 전화가 왔을 때 그는 말했다. "잠시만 자리를 비워주시겠어요?" 그는 문을 가리켰다. "개인적인 통화라서요." 나는 조용히 방을 나왔고, 등 뒤로 문이 닫혔다. 10분이 지났다. 나는 비서들 앞에 서 있었다. 20분이 더 지났다. 드디어 문이 열렸을 때 그 프로듀서는 겉옷을 들고 있었다. "이런, 미안해요."

그는 나에 대해 까마득히 잊고 있었던 것이다.

나도 인간이다. 이건 나에게 분명 상처가 됐다. 하지만 나는 어린아이도, 신인도 아니었다. 나는 마흔이 넘었고, 실패로 가득한 이력을 지닌 사람이었다.

프로는 굴욕을 개인적인 공격으로 받아들이지 않는다. 굴욕은 거절이나 비판과 마찬가지로, 내면의 저항이 외부에 투사된 한 형태일 뿐이다.

프로는 역경을 견뎌낸다. 그는 새똥이 비옷 위에 떨어지는 것을 개의치 않는다. 튼튼한 호스로 한 번 씻어내면, 그것은 말끔히 사라진다는 사실을 알기 때문이다. 그 자신, 그리고 창작의 중심은 설령 거대한 비료 더미 아래에 묻힌다 해도 결코 사라지지 않는다. 그의 핵심은 총알도 뚫을 수 없을 만큼 단단하다. 그가 허락하지 않는 한, 어느 누구도 그의 중심을 건드릴 수 없다.

어느 날, 고속도로에서 캐딜락을 탄 뚱뚱하고 행복해 보이는, 나이 많은 남자를 본 적이 있다. 그는 에어컨을 틀어놓고, 포인터 시스터즈Pointer Sisters*의 음악을 들으며, 큼직한 시가를 물고 있었다. 그의 번호판에는 이런 글귀가 적혀 있었다.

---

\* 미국의 유명한 팝, 디스코, R&B 그룹. 1970년대부터 1980년대 초반까지 큰 인기를 끌었다.

# DUES PD<sup>*</sup>

프로는 도넛의 구멍이 아니라 도넛 그 자체를 바라본다. 그는 비록 황소에 짓밟힌다 하더라도 관중석이나 주차장이 아닌 경기장 안에 서있는 것이 더 낫다는 사실을 스스로에게 상기시킨다.

---

# 프로는 남의 인정을
# 갈구하지 않는다.

아마추어는 타인의 부정적인 의견에 쉽게 무너진다. 그는 외부의 비판을 마음에 새기고, 그것이 자신과 자신의 작업에 대한 믿음을 흔들도록 내버려둔다. 저항은 바로 이런 상황을 가장 좋아한다.

타이거 우즈에 대한 이야기를 하나만 더 해보려 한다. 2001년 마스터즈 대회 마지막 날(타이거 우즈는 이 대회에서 우승하여 4개의 메이저 대회를 모두 석권하기에 이른다), 타이거는 네 홀을 남겨둔 상황이었다. 그 중요한 순간, 그가 백스윙을 시작하려는 찰나에 누군가가 카메라 셔터를 눌렀다. 놀랍게도 타이거는 그 짧은 순간에 스윙을 멈추고 잠시 뒤로 물러서는 기지를 발휘했다. 그뿐만이 아니었다. 그는 플래시를 터뜨린 사람을 잠시 무섭게 노려본 후, 곧바로 정신을 가다듬고 공을 향해 다가갔다. 그리고 공을 정확히 310야드, 페어웨이 한 가운데로 날려보냈다.

이것이야말로 진정한 프로의 모습이다. 대부분의 사람들은 흉내 내기는커녕, 이해조차 하기 어려운 수준의 강한 멘탈이다. 타이거 우즈가 보여준 행동, 더 정확히 말하면 그가 '하지 않은' 행동을 조금 더 자세히 살펴보자.

첫째, 그는 반사적으로 반응하지 않았다. 그는 상식적으로 분노가 유발되었어야 할 상황에서, 그 분노가 실제로 일어나도록 내버려두지 않았다. 그는 자신의 반응을 통제했고, 감정을 스스로 다스렸다.

둘째, 그는 이 일을 개인적으로 받아들이지 않았다. 그는 셔터를 누른 그 관중의 행동을 자신의 샷을 방해하려는 의도적인 공격으로 받아들일 수도 있었다. 그는 분노하거나, 억울해 하거나, 자신을 피해자라고 느낄 수도 있었다. 그러나 그는 그러지 않았다.

셋째, 그는 이 일을 하늘이 내린 저주처럼 여기지 않았다. 그는 이 사건을 골프의 신들이 퍼부은 악의적인 방해로 받아들일 수도 있었다. 마치 야구에서 공이 갑자기 예상치 못한 방향으로 튀는 순간이나, 테니스에서 오심이 발생하는 상황처럼 말이다. 그는 한숨을 쉬거나, 낙담하거나, 억울함에 스스로 무너질 수도 있었다. 그리고 그것을 실패의 핑계로 삼을 수도 있었다. 그러나 그는 그러지 않았다.

그는 그 순간, 자신의 자주성을 지키는 길을 선택했다. 어떤 외부 요인으로부터 타격을 입었든, 그는 여전히 자신이 해야 할 일이 있다는 것을 이해하고 있었다. 그것은 바로 지금, 이 자리에서 그가 쳐야 할 한 번의 샷이었다. 그리고 그는 그 샷을 해낼 힘이 여전히 자기 안에 남아 있다는 사실을 알고 있었다. 그의 길을 가로막을 수 있는 유일한 장애물은, 자신이 붙들고 있는 감정적 혼란뿐이었다. 타이거 우즈의 어머니 쿨티타는 불교 신자였다. 어쩌면 그는 어머니에게서 자비를 배웠는지도 모른다. 그래서 무모한 열성팬의 셔터 소리에 대한 분노를 스스로 내려놓을 수 있었는지도 모른다. 어찌 되었든, 진정한 프로였던 타이거 우즈는 매서운 눈빛으로 짧게 분노를 드러낸 후, 곧바로 정신을 가다듬고, 자신 앞에 놓인 과업에 다시 집중했다.

프로는 다른 사람의 행동이 자신의 현실을 정의하도록 내버려 두지 않는다. 내일 아침이 되면 비평가는 사라질지도 모른다. 그러나 작가는 여전히 같은 자리에 앉아, 빈 페이지를 마주하게 될 것이다. 그에게 더 중요한 것은 오직 하나, 일을 계속하는 것이다. 가정에 위기가 닥치거나 제3차 세계대전이 일어나지 않는 한, 프로는 반드시 다시 책상 앞에 나타난다. 창작의 신들을 섬기기 위해서다.

기억하라. 저항은 우리가 자주성을 타인에게 넘기길 원한다. 저항은 우리가 자존감, 정체성, 그리고 존재의 이유까지도 다른 사람의 반응에 의탁하기를 바란다. 저항은 우리가 그런 상황을 감당하지 못한다는 사실을 알고 있다. 사실, 그런 걸 끝까지 감당할 수 있는 사람은 아무도 없다.

프로는 비평가 따위는 개의치 않는다. 그는 그들의 말조차 듣지 않는다. 그리고 스스로에게 이렇게 상기시킨다. 비평가들은 자신도 모르는 사이, 저항의 대변인이 되고 있을 뿐이다. 그렇기에 그들의 목소리는 종종 매우 교활하고, 치명적일 수 있다. 그들이 쏟아내는 평가는 우리가 머릿속에서 이미 듣고 있는 저항의 독설과 정확히 같을 때가 많다. 가장 큰 해악은 그 비평을 믿는 것이 아니다. 진짜 위험은 그 비평을 통해 들려오는 저항의 속삭임을 우리 스스로 믿어버리는 데 있다.

프로는 시기심에서 비롯된 비평을 알아차릴 줄 안다. 그리고 그것을 있는 그대로, 즉 최고의 칭찬으로 받아들인다. 비평가는 자신이 감히 해내지 못한 일을, 용기가 부족해 시도하지 못한 일을 대신 해낸 사람의 작품을 가장 미워한다.

# 프로는 자신의 한계를 안다.

프로는 매니저를 두고, 변호사를 고용하며, 회계사의 도움을 받는다. 그는 자신이 오직 한 분야에서만 프로임을 충분히 알고 있다. 그래서 다른 프로들에게 기꺼이 일을 맡기고, 그들을 존중한다.

# 프로는 끊임없이 자신을
# 새롭게 만든다.

배우 골디 혼은 이런 말을 한 적이 있다. "할리우드 여배우에게 허락되는 나이는 세 가지 뿐이다. 섹시한 아가씨, 유능한 커리어우먼, 그리고 괴팍한 할머니." 그녀의 말은 다른 맥락에서 나온 것이지만, 그 안에 담긴 진실은 여전히 유효하다. 그건 예술가인 우리가 섬기는 뮤즈가 일생 동안 우리에게 한 가지 일만 맡기지 않을 수도 있다는 사실이다.

프로는 자신이 한 분야에서 아무리 편안함을 느끼고 성공을 거두었다 해도, 오직 하나의 화신化身으로만 존재하는 것을 스스로 허락하지 않는다. 마치 영혼이 옷을 갈아입듯, 그는 낡은 몸을 벗어던지고 새로운 몸을 입는다. 그리고 자신의 여정을 결코 멈추지 않는다.

# 프로는 다른 프로를 알아본다.

프로는 누가 충분한 시간을 견디며 자신을 단련해온 사람인지, 그리고 누가 아직 그 과정을 지나지 않은 사람인지 단번에 알아차린다. 마치 영화 『셰인Shane』에서 앨런 래드Alan Ladd와 잭 팔란스Jack Palance가 서로를 천천히 맴도는 장면처럼, 총잡이는 총잡이를 알아본다.

# 예술가와 법인화

처음 로스앤젤레스로 이사해서 현직 시나리오 작가들을 소개받았을 때, 많은 이들이 자신의 이름으로 된 법인을 갖고 있다는 사실을 알게 되었다. 그들은 개인 자격이 아니라 1인 사업체의 형태로 글을 '대여해 주는' 방식으로 일을 하고 있었다. 그들의 계약서에는 'f/s/o'—즉, '당사(본인 이름)의 용역 제공(for services of)'이라는 문구가 붙어 있었다. 나는 이런 방식을 그때 처음 보았고, 솔직히 꽤 멋지다고 느꼈다.

작가가 자신을 법인화하면 세금과 재정적인 측면에서 분명한 이점이 있다. 하지만 내가 이 개념을 좋아하는 진짜 이유는, 그 안에 담긴 은유 때문이다. 나는 스스로를 '법인'으로 생각하는 발상이 마음에 든다. 그렇게 하면 나는 두 개의 모자를 쓸 수 있다. 나 자신을 고용할 수도 있고, 해고할 수도 있다. 그리고 배우 로빈 윌리엄스가 작가 겸 프로듀서에 대해 농담했던 것처럼, 스스로에게 아부도 할 수 있다.

자신을 법인화하거나, 단지 법인이라 여기기만 해도 '프로 정신'은 한층 강화된다. 이는 실제로 창작을 수행하는 '예술가'와, 그 모든 작업을 조율하고 이끌어가는 '관리자'의 의지와 의식을 분리하게 되기 때문이다. 예술가에게 아무리 많은 비난과 고통이 쏟아져도, 관리자는 그것을 담담히 받아들이고 묵묵히 앞으로 나아간다. 성공의 순간에도 마찬가지다. '작가'인 나는 우쭐해질 수 있겠지만, '관리자'인 나는 그 작가를 한층 겸손하게 만드는 법을 알고 있을 것이다.

회사에서 일해 본 적이 있는가? 그렇다면 월요일 아침 '현황회의'에 대해 잘 알 것이다. 팀원 전체가 회의실에 모이면 팀장이 각 팀원에게 그 주에 맡게 될 업무를 설명한다. 회의가 끝나면 비서가 워크시트를 정리해 배포한다. 그리고 한 시간쯤 뒤, 그 워크시트가 당신 책상 위에 도착한다. 그걸 보면 그 주에 당신이 해야 할 일이 무엇인지 정확하게 파악된다.

나는 매주 월요일 아침, 그런 회의를 나 자신과 한다. 책상에 앉아 그 주에 해야 할 과제를 검토한 뒤, 문서로 정리해 스스로에게 배포한다.

나는 법인용 사무용품과 명함, 그리고 법인 수표책을 가지고 있다. 업무와 관련된 지출은 법인 비용으로 처리하고, 법인세도 낸다. 개인용 신용카드와 법인용 신용카드도 구분해서 사용한다.

우리가 스스로를 법인으로 생각하면, 나 자신과 건강한 거리를 유지할 수 있게 된다. 우리는 덜 주관적이 되고, 타격을 받아도 개인적인 상처로 받아들이지 않을 수 있다. 조금 더 냉정해지고, 자신의 작업에도 보다 현실적인 가격을 매길 수 있게 된다. 개인으로서 나는 성격이 너무 점잖아 스스로를 홍보하기가 어렵지만, 법인으로서의 나는 사정없이 나자신을 마케팅 할 수 있다. 그 순간 나는 단순한 개인이 아니라, 법인이기 때문이다.

나는 프로이기 때문이다.

# 끝까지 쫓아오는 존재

우리가 프로가 되면 왜 저항은 결국 굴복할까? 그 이유는, 저항이 사실 '일진bully' 같은 존재이기 때문이다. 저항은 그 자체로는 아무 힘도 없다. 그 힘은 오직, 우리가 저항을 두려워하는 마음에서 비롯된다. 어떤 꼬맹이라도 끝까지 자기 자리를 지키며 버티면, 일진도 결국에는 물러서기 마련이다.

프로의 본질은 단 하나다. 다른 모든 것을 제쳐두고, 오직 눈앞의 일과 그 일의 요구에 집중하는 힘이다. 고대 스파르타인들은 적을 대할 때, 이름도 얼굴도 없는 존재로 여기도록 자신을 철저히 훈련시켰다. 그들은 자신이 맡은 일을 다 하면, 이 세상 그 어떤 힘도 자신들을 무너뜨릴 수 없다고 믿었다.

영화 『수색자Searchers』에서 존 웨인John Wayne과 제프리 헌터Jeffrey Hunter는 어릴 적 원주민들에게 납치되어 수년간 행방불명이 된 조카딸을 찾기 위해 원주민 족장 '스카'를 집요하게 추적한다. 혹독한 겨울이 그들의 발걸음을 잠시 멈추게 하지만, 존 웨인

이 연기한 '이선 에드워즈<sup>Ethan Edwards</sup>'는 결의를 늦추지 않는다. 그는 말한다. 봄이 오면 다시 추적을 시작할 것이며, 언젠가는 도망자의 경계도 결국 느슨해질 것이라고.

> **이선**: "그 녀석은 말이야, 끝까지 쫓아오는 놈도 있을 수 있다는 걸 모르는 것 같아. 그래서 우리는 결국 그들을 찾아낼 거야. 내가 장담하지. 지구가 자전하는 것만큼 확실하게."

이 대사는 프로 정신의 핵심을 담고 있다. 프로는 멈추지 않는다. 그는 저항을 저항의 방식으로 이겨낸다. 더 단호하게, 더 끈질기게, 저항보다도 더 무자비하게 앞으로 나아감으로써.

# 왕도는 없다.

프로가 되는 데에는 어떤 비밀도, 특별한 길도 없다. 그건 오직 의지에 의한 선택으로 이루어진다. 우리가 스스로를 프로로 보기 시작하고, 그에 맞게 행동하면 된다. 그게 전부다.

BOOK THREE

# 저항을 넘어서

### 더 높은 경지

첫 번째 의무는 신들에게 제물을 바치고,
당신의 생각과 말과 행동이 그분들의 기쁨이 되도록
이끌어주시길 기도하는 데에 있다.
이는 곧 당신 자신과 벗들, 그리고 당신의 도시가
그분들로부터 최대의 사랑과 영예, 그리고 유익함을
누리게 되기를 바라는 마음에서 비롯된다.

— 크세노폰의 『기병대 지휘관』* 중에서 —

---

* 『기병대 지휘관(The Cavalry Commander)』은 고대 그리스의 군인, 역사가, 철학자이자 소크라테스의 제자였던 크세노폰이 아테네의 젊은 장교들에게 군을 지휘할 때 갖추어야 할 덕목과 실천적 지혜를 조언한 실용서이다.

# 관념의 천사들

다음 장들에서는 우리가 자신의 진정한 모습에 다가가는 여정 속에서, 보이지 않지만 우리를 돕고 지탱해 주는 신비한 존재들에 대해 이야기하려 한다. 나는 그 존재들을 '뮤즈', 혹은 '천사'라고 부를 생각이다.

혹시 이런 이야기가 당신을 불편하게 만드는가?

만약 그렇다면, 천사를 '관념적인 존재'로 생각해도 좋다. 중력처럼 비인격적인 힘, 그저 존재하는 하나의 에너지로 받아들여도 된다. 어쩌면 실제로 그런 것일지도 모른다. 모든 곡물과 씨앗 안에는 그것을 자라게 하는 어떤 '힘'이 있다. 모든 새끼 고양이나 망아지 안에는 뛰고, 놀고, 배우고 싶어하는 본능이 자리하고 있다. 그런 힘의 존재가 그리 믿기 어려운 일은 아니지 않는가?

우리는 저항을 인격적인 존재로 생각할 수 있다(내가 지금까지 저항이 어떤 것을 '사랑한다'거나 '미워한다'고 표현해 온 것처럼). 하지만 동시에, 저항은 엔트로피나 분자 붕괴처럼 비인격적인 자연의 힘으로 이해할 수도 있다.

마찬가지로, 성장을 향한 부름 역시 다이몬$^{Daimon}$* 이나 천재, 천사, 뮤즈처럼 인격적으로 상상할 수도 있고, 바닷물의 흐름이나 금성의 이동처럼 비인격적인 현상으로 받아들일 수도 있다. 어느 쪽이든 당신이 더 편안한 방식이면 된다. 만약 어떤 형태로든 초자연적인 존재들이 잘 와닿지 않는다면, 그 힘을 '진화가 유전자 안에 프로그램해 둔 재능'이라고 여겨도 좋다.

내가 이 장에서 말하고자 하는 핵심은, 우리 곁에는 '동맹'이라 부를 수 있는 보이지 않는 힘들이 존재한다는 사실이다.

우리가 본래 태어났을 때부터 되어야 할 존재로 거듭나는 것을 저항이 방해하는 동안, 그와 동등하고 반대되는 힘이 그 앞에 맞서고 있다. 그 힘들이 곧 우리의 동맹이며 천사다.

---

* 고대 그리스에서 인간의 운명과 내면의 소명을 인도하는 존재로 여긴 것.

# 신비에 접근하기

내가 앞선 장들에서 프로 정신을 그렇게까지 강조한 이유는 무엇일까? 그건 예술에서 가장 중요한 것이 바로 '일하는 것' 이기 때문이다. 매일 앉아 시도하는 것보다 더 중요한 일은 없다.

그렇다면 왜 그것이 그토록 중요한가?

그건 우리가 날마다 자리에 앉아 묵묵히 작업을 이어갈 때, 신비로운 어떤 일이 서서히 시작되기 때문이다. 어떤 과정이 작동하기 시작하고, 틀림없이, 피할 수 없이 하늘이 우리를 도우러 온다. 보이지 않는 힘들이 우리의 대의에 참여하고, 뜻밖의 우연들조차 우리의 목적을 더욱 굳건히 만든다.

이것이 바로 진짜 예술가들은 알지만, 작가 지망생들은 모르는 또 하나의 비밀이다. 우리가 매일 자리에 앉아 일을 시작할 때, 우리 주변으로 힘이 모이기 시작한다. 뮤즈는 우리의 헌신을 알아보고, 미소 지으며 고개를 끄덕인다. 그녀의 호의를 얻게 된 것이다. 작업에 들어서는 그 순간, 우리는 철가루를 끌어당기는 막대자석처럼 변한다. 아이디어가 끌려오고, 통찰력이 쌓인다.

저항의 고향이 지옥이라면, 창조의 본향은 천국이다. 그리고 그곳의 존재들은 단순한 증인이 아니라, 간절하고도 능동적인 동맹군이 되어 우리를 돕는다.

내가 '프로 정신'이라 부르는 것을, 어떤 이는 '예술가의 규범'이라 부를 수도 있고, 또 어떤 이는 '전사의 길'이라 부를지도 모른다. 그건 자아를 내려놓고, 봉사의 태도로 자신을 무장하는 자세다. 원탁의 기사들은 순결했고, 자신을 앞세우지 않았다. 그러나 그들은 용과 맞서 싸울 만큼 용맹했다.

우리 또한 용과 마주하고 있다. 영혼 깊은 곳에서 불을 내뿜는 괴수들과 맞서 싸워야 한다. 우리는 그들을 이기고, 이겨내고, 마침내 '잠재된 자기'라는 보물에 도달해야 한다. 그리고 마치 괴수에게 납치된 처녀를 구해내듯, 신이 우리를 위해 준비해 두신 계획과 운명을 되찾아야 한다. 그곳에 우리가 이 땅에 보내진 까닭에 대한 해답이 있기 때문이다.

# 뮤즈를 향한 부름

3부의 서두에 실린 크세노폰의 인용문은 『기병대 사령관The Cavalry Commander』이라는 소책자에서 따온 것이다. 명망 높은 전사이자 역사가였던 그는, 아테네 기병대의 장교가 되기를 꿈꾸는 젊은이들에게 지침을 제시하며 이렇게 말한다. "사령관이 가장 먼저 해야 할 일은 마굿간을 치우거나 국방 검토 위원회에 자금을 요청하는 것이 아니라, 신들에게 제사를 드리고 그들의 도움을 구하는 것이다."

나도 그렇게 한다. 책상에 앉아 일을 시작하기 직전, 가장 먼저 뮤즈를 향해 기도를 올린다. 나는 그 기도를 진심을 다해, 소리 내어 외운다. 그렇게 하고 나서야 비로소 일을 시작할 수 있다.

20대 후반, 나는 캘리포니아 북부의 조용한 마을에 작은 집 하나를 빌렸다. 그곳에 간 이유는 단 하나, 당시에 쓰고 있던 소설을 끝내기 위해서였다. 그 일은 내게, 말 그대로 목숨

이 걸린 일이었다. 그때 나는 온 마음을 다해 사랑했던 여자와의 결혼도 무너졌고, 두 번의 커리어도 모두 망쳐버린 상태였다. (그 당시에는 알지 못했지만) 이 모든 실패의 근본 원인은 바로 '저항'을 다루지 못한 데 있었다. 당시에 쓰고 있던 소설 중 하나는 거의 90퍼센트, 다른 하나는 99퍼센트까지 진행된 상태였지만, 나는 결국 그 원고들을 쓰레기통에 던져버렸다. 마지막 한 걸음을 내딛을 용기가 없었던 것이다. 그렇게 저항에 굴복한 나는 지금까지 이 책에서 언급했던 모든 악덕과 타락, 산만함과 파괴적인 습관들에 내 몸을 내맡겼다. 남은 것은 오직 깊은 허무뿐이었다. 그리고 마침내, 트럭 한 대와 고양이 '모', 그리고 낡은 스미스 코로나 타자기 하나만을 가지고 나는 그 적막한 마을에 도착했다.

길 건너에는 폴 링크<sup>Paul Rink</sup>라는 남자가 살고 있었다. 그를 한 번 검색해 보라. 그는 헨리 밀러의 산문집 『빅서와 히에로니무스 보쉬의 오렌지<sup>Big Sur and the Oranges of Hieronymus Bosch</sup>』에도 언급되는 인물이다. 그도 작가였는데 '모비 딕'이라고 이름 붙인 캠핑카에 살았다. 나는 매일 아침, 폴과 커피를 마시며 하루를 시작했다. 그는 내가 한 번도 들어보지 못한 온갖 작가들을 소개해 주었고, 자기 훈련과 헌신, 자본주의 시장이 가진 위험성에 대해 설교하듯 이야기하곤 했다. 무엇보다도, 그는 나에게 호머의 『오디세이아』에 나오는 '뮤즈에게 바치는 기도문'을 가르쳐 주었다. 폴은 내 것보다 훨씬 더 오래된 수동식 레밍턴 타자기로 T. E. 로렌스가 번역한 그 기도문을 타이핑해주었다. 나는 그 종이를 아직도 가지고 있다. 지금은 누렇게 바래진데다가 먼지처럼 바싹 말라서 숨결 한 번만 불어도 바스라질 것처럼 보이지만 말이다.

내가 빌린 작은 집에는 TV도 없었다. 나는 신문도 읽지 않았고, 영화관에도 가지 않았다. 오로지 일만 할 뿐이었다. 어느 날 오후, 사무실로 개조한 작은 침실에서 열심히 타자기를 두드리고 있는데 밖에서 이웃집 라디오 소리가 들려왔다. 누군가가 큰 소리로 이렇게 말하고 있었다. "… 이는 미합중국의 헌법을 보존하고, 보호하고, 수호하기 위함입니다." 나는 밖으로 나가 물었다. "뭔 일 있어요?" 이웃이 대답했다. "몰랐어요? 닉슨 대통령이 물러났어요. 새 사람이 취임했대요."

나는 일에 너무 심취한 나머지 워터게이트 사건이 벌어진 것도 전혀 인지하지 못하고 있었던 것이다.

나는 이 일을 멈추지 않기로 결심한 상태였다. 이미 너무 많은 실패를 겪었고, 그로 인해 나 자신뿐 아니라 내가 사랑했던 사람들에게도 큰 상처를 안겼다. 이번에도 또 무너진다면, 정말 목숨을 끊어야 할 것 같았다. 그때 나는 '저항'이라는 개념을 전혀 몰랐다. 누구도 내게 그것에 대해 가르쳐준 적 없었다. 하지만 나는 그 존재를 분명히 느끼고 있었다. 그건 마치 스스로 파괴하라는 강박처럼 다가왔다. 나는 시작한 걸 끝내지 못하는 사람이었다. 완성이 가까워질수록, 오히려 망칠 방법만 늘어갔다. 그럼에도 나는 멈추지 않았다. 워싱턴 주로 이주 노동을 떠났던 두 달을 제외하고는, 무려 26개월을 쉬지 않고 글만 썼다. 그리고 마침내, 나는 마지막 페이지에 도달했고, 타자기에 이렇게 쳐넣었다.

## THE END.

그 책은 끝내 출판되지 못했다. 그 다음 책도 마찬가지였다. 내가 쓴 글로 처음 원고료를 받은 건 그로부터 10년이 지난 뒤였고, 소설 『배거 밴스의 전설』이 세상에 나오기까지는 또 10년이 걸렸다. 하지만 처음으로 타자기를 두드려 '끝'이라는 단어를 쳐냈던 그 순간은 내게 있어 하나의 시대를 나누는 사건이 되었다. 마지막 페이지를 타자기에서 뽑아내어 원고 더미 맨 위에 올려두는 것으로 작업을 마무리했던 그 장면을 나는 지금도 선명히 기억한다. 내가 소설을 끝냈다는 건 아무도 몰랐다. 누구도 관심 없었다. 그렇지만 나는 알고 있었다. 마치 평생 싸워온 용이 내 발치에 쓰러져 마지막 불꽃을 내뿜고, 숨을 거둔 것 같았다.

"잘 가라, 이 악마 같은 놈."

다음날 아침, 나는 폴의 집에 들러 커피를 마시며 소설을 마쳤다고 알려주었다. "그거 잘 됐네." 그는 고개도 들지 않은 채 말했다. "다음 것도 오늘 바로 시작하라고."

# 뮤즈를 향한 부름,
# 파트 2

폴을 만나기 전까지, 나는 뮤즈에 대해 들어본 적이 없었다. 그가 내게 새로운 세계를 열어 준 것이다. 뮤즈는 제우스와 '기억'을 뜻하는 므네모시네 사이에서 태어난 아홉 자매를 가리킨다. 각각의 이름은 클리오, 에라토, 탈리아, 테르프시코레, 칼리오페, 폴리힘니아, 에우테르페, 멜포메네, 그리고 우라니아였다. 그들의 역할은 예술가들에게 영감을 주는 것이며, 각자 맡은 예술 분야가 따로 있었다. 뉴올리언스에는 이 뮤즈들의 이름을 딴 거리들이 있다. 나도 한때 그 동네에 살았지만, 그 사실을 전혀 몰랐다. 그냥 이상하고 발음 어려운 이름쯤으로만 여겼을 뿐이다.

다음은 플라톤의 『파이드로스』*에서 소크라테스가 말한 '하늘이 보낸 광기의 고귀한 효과'에 대한 설명이다.

　　세 번째 형태의 신적 광기는 뮤즈에 사로잡히는 것이다. 이 광

---

* 고대 철학자 플라톤이 지은 대화편 중 하나로, 소크라테스와 파이드로스의 대화를 통해 사랑, 수사학, 영혼, 글쓰기, 그리고 영감에 대해 탐구하는 작품이다.

기가 온화하고 순결한 영혼을 붙들면, 그 영혼은 서정시를 비롯한 여러 형태의 시에서 영감 어린 표현으로 깨어나게 된다. 그리고 옛 영웅들의 수많은 위업을 찬양하며, 후세에게 교훈을 남긴다. 그러나 만일 누군가가 뮤즈의 광기를 전혀 경험하지 못한 채, 단지 기교만으로 훌륭한 시인이 될 수 있다고 믿고 시의 문을 두드린다면, 그의 이성적인 작품은 결코 완성에 이르지 못한다. 오히려 영감 받은 '광인'의 시에 완전히 가려지고 말 것이다.

그리스인들은 신비를 이해하는 방식으로 '인격화'를 택했다. 고대인들은 세상에 존재하는 강력하고 원초적인 힘들을 직감했고, 그것에 좀 더 쉽게 다가가기 위해 인간의 얼굴을 부여했다. 그렇게 탄생한 이름이 제우스, 아폴로, 아프로디테였다. 아메리카 원주민들 역시 같은 신비를 느꼈지만, 그들은 이를 '곰 선생', '매의 전달자', '교활한 코요테'처럼 애니미즘적 존재들로 형상화했다.

우리의 조상들은 물질적인 세계 너머, 훨씬 더 높고 신비로운 차원에 존재하는 힘과 에너지의 실체를 예리하게 인지하고 있었다. 그렇다면, 그들은 이 더 높은 차원의 현실에 대해 어떤 믿음을 가지고 있었을까?

첫째, 그곳에는 죽음이 존재하지 않는다고 믿었다. 신들은 불멸의 존재였기 때문이다.

신들은 인간과 완전히 다른 존재는 아니었지만, 그 힘은 인간보다 훨씬 더 막강했다. 그들의 뜻에 맞서 싸우는 건 무의미한 일이었고, 하늘을 향해 교만하게 행동하는 것은 재앙을 부르는 일이었다.

더 높은 차원에서 시간과 공간은 완전히 다른 방식으로 존재한다. 신들은 '생각처럼 빠르게' 움직이며, 어떤 신들은 미래를 내다볼 수 있는 능력도 가지고 있다. 비록 극작가 아가톤은 이렇게 말했지만 말이다.

> 신에게조차 허락되지 않은 유일한 능력이 있다면,
> 그것은 과거를 되돌리는 힘이다.

그러나 불멸의 신들은 시간을 가지고 장난칠 수 있다. 마치 우리가 꿈이나 환상 속에서 그러하듯이.

그리스인들은 이 세계가 인간에게 무관심한 존재라고 생각하지 않았다. 신들은 인간사에 관심을 기울였고, 때로는 선을 위해, 때로는 악을 위해 우리의 계획에 개입했다.

현대적인 관점에서는 이런 이야기가 매력적이지만 터무니없다고 여겨질지도 모른다. 하지만 정말 그런가? 그렇다면 이 질문에 답해보라. 『햄릿』은 어디에서 왔는가? '파르테논 신전'은 어디에서 왔는가? 『계단을 내려오는 누드 Nude Descending a Staircase』*는 어디에서 왔는가?

---

\* 마르셀 뒤샹의 1912년 작으로, 인간의 움직임을 입체주의와 미래주의 기법으로 표현한 현대미술의 대표작.

# 환상을 보는 자의 증언

"영원은 시간의 창조물을 사랑한다."
—**윌리엄 블레이크**<sup>William Blake</sup>

윌리엄 블레이크는 선지자적 기질을 지닌 시인이자, 광인과 천재 사이를 오가는 존재였다. 내 생각에 그는 가끔씩 육신의 옷을 입고 나타나는 어떤 '아바타' 같은 이였다. 더 높은 차원의 세계로 잠시 올라갔다가, 거기서 본 경이로움을 전하기 위해 돌아오는 존재였던 것이다.

그가 남긴 위의 구절을 함께 해석해 보자.

블레이크가 말한 '영원'이란, 우리가 지금 살아가는 이 물질적 차원을 넘어선 더 높은 세계, 더 본질적인 실재의 차원을 의미한다. 그 '영원' 안에는 '시간'이라는 개념이 존재하지 않는다. 그렇지 않았다면 그는 '영원'과 '시간'을 구별하지 않았을 것이다. 그 세계에는 더 고차원적인 존재들이 살고 있을지도 모른다. 혹은 순수한 의식, 혹은 영<sup>spirit</sup>이 있을

지도 모른다. 하지만 그게 무엇이든, 블레이크의 말에 따르면 '영원'은 사랑할 수 있는 존재다.

만약 이 차원에 실제로 어떤 존재들이 있다면, 블레이크는 그들이 육체 없는, 비물질적 존재들이라고 보았을 것이다. 그들에게 몸은 없지만, 우리가 살아가는 시간의 차원과 연결되어 있다. 이 신적 존재들, 혹은 영적 존재들은 우리의 세계에 '참여'하며, 우리의 현실에 관심을 가진다.

'영원은 시간의 창조물을 사랑한다'라는 말은, 내게 이렇게 들린다. 더 높은 차원의 존재들(혹은 추상적으로는 그 차원 자체)이, 시간의 제약 속에서 살아가는 우리가 물질의 세계 안에서 만들어내는 것들에 기쁨을 느낀다는 것이다.

조금 비약일지 모르지만, 만약 그들이 그런 창조물에서 기쁨을 느낀다면, 어쩌면 우리가 그것들을 더 많이 만들어내도록 부드럽게 등을 떠미는 건 아닐까? 만약 그렇다면, 예술가의 귓가에 영감을 속삭이는 뮤즈의 이미지는 이보다 더 적절할 수 없을 것이다.

이것이 시간을 초월한 존재가 시간에 얽매인 존재와 소통하는 방식이다.

내가 이해한 블레이크의 세계관에 따르면, 베토벤의 교향곡 5번은 그가 책상에 앉아 '따-따-따-빰'을 연주하기도 전에 이미 더 높은 차원의 세계에 존재하고 있었다. 문제는 그것이 아직 잠재성의 형태로만 존재하고 있었다는 것이다. 말하자면, 몸이 없었다. 아직 음악이 아니었다. 누구도 연주할 수 없었고, 들을 수도 없었다.

그 곡은 누군가를 필요로 했다. 육체를 가진 존재, 인간, 예술가, 좀 더 정확히 말하자면 '영혼', 또는 '생명을 불어넣는 정신'이라는 라틴어 어원 그대로의 '천재genius'가 필요했다. 그래야만 그 곡이 이 물질적 세계에서 실현될 수 있었다. 그래서 뮤즈가 베토벤의 귀에 속삭였다. 어쩌면 그녀는 똑같은 선율을 수백만 명의 귀에 흥얼거렸을지도 모른다. 그러나 아무도 듣지 못했다. 오직 베토벤만 그것을 들었다.

그는 마침내 그것을 세상에 내놓았다. 제5번 교향곡은 그렇게 '시간의 창조물'이 되었고, '영원'은 그것을 '사랑'했다.

우리가 '영원'을 어떻게 이해하든지 간에, 그것이 하나님이든, 순수한 의식이든, 무한한 지성이든, 전지전능한 영이든, 혹은 신들이나 영혼, 아바타 같은 존재들이든, 그들은 이 땅에서 울려 퍼지는 음악을 듣고 기뻐한다.

다시 말해, 블레이크는 고대 그리스인들과 같은 신념을 품고 있었다. 신들은 실재하며, 우리의 지상 세계에 스며드는 존재들이다.

이제 다시 뮤즈의 이야기로 돌아가 보자. 뮤즈는 앞서 말했듯, 신들의 아버지 제우스와 기억의 여신 므네모시네 사이에서 태어난 딸들이다. 이 정도면 꽤 인상적인 혈통 아닌가? 나는 이 정도면 충분히 신뢰할 만한 자격이라 생각한다.

나는 크세노폰의 말을 믿는다. 그래서 매일 책상 앞에 앉기 전, 잠시 시간을 내어 나를 만들 수도, 망가뜨릴 수도 있는 이 보이지 않는 힘에 경의를 표한다.

# 뮤즈를 향한 부름,
# 파트 3

예술가들은 태초부터 뮤즈를 불러왔다. 여기에 담긴 지혜는 크다. 인간이 자신의 오만을 스스로 지우고, 볼 수도 없고, 들을 수도 없고, 만질 수도 없고, 냄새 맡을 수도 없는 차원을 향해 겸손히 도움을 구하는 그 행위에는 일종의 마법이 있다. 아래는 T. E. 로렌스가 번역한 호머의 『오디세이』의 서두다.

> 오 신성한 시여, 여신이시며 제우스의 딸이시여! 트로이의 거룩한 성채를 함락시킨 뒤, 수많은 해안을 떠돌며 선하고 악한 인간들의 풍습에 시달리고, 그 모든 항해 동안 가슴 깊은 고통을 안고서도 자신을 구원하고 동료들을 무사히 귀환시키려 했던, 그 다면적인 사내의 이 노래를 내게 계속해서 속삭여 주소서. 하지만 그들에게 남은 것 헛된 희망뿐이었나이다. 어리석은 자들! 그들 스스로의 어리석음으로 파멸을 자초하였구나. 그들은 가장 고귀한 태양신의 소를 도살하였고, 태양신은 그들의 귀환의 날을 지워버렸구나. 이 이야기가 모든 결을 따라 우리 안에 살아 숨쉬게 하소서, 오 뮤즈여…

이 구절은 곱씹어볼 만한 가치가 있다.

먼저 '오 신성한 시여'라는 표현부터 살펴보자. 우리가 뮤즈를 부른다는 것은 단순히 다른 차원의 힘을 부르는 것이 아니라, 더 거룩하고 숭고한 차원의 힘에 간청하고 있다는 의미다.

'여신이시며 제우스의 딸이시여'라는 구절은 우리가 단순한 신적 개인이 아닌, 신들 중에서도 가장 높은 존재 바로 아래에 있는 힘에게 간절히 호소하고 있음을 뜻한다.

그리고 '내게 계속해서 속삭여 주소서'라는 구절에서 호머는 탁월함이나 성공을 구하는 것이 아니라, 다만 이 일이 멈추지 않기를, 계속해서 이어지기를 바랄 뿐이다.

'이 노래'라는 표현은 그 하나만으로 충분하다. 도스토옙스키의 『카라마조프가의 형제들』부터 새로 개업한 배관업체에 이르기까지, 어떤 이야기든 이 안에 담을 수 있다.

나는 기도문에서 오디세우스의 시련을 요약한 부분이 특히 마음에 든다. 조셉 캠벨 Joseph Campbell* 이 정립한 '영웅의 여정'이 간결하게 담겨 있으며, 인간 존재의 보편적 이야기를 이

---

\* 미국의 신화학자. 전 세계 신화의 공통 구조를 분석해 '영웅의 여정' 개념을 정립했으며, 『천의 얼굴을 가진 영웅』을 집필했다.

보다 더 압축적으로 보여주는 문장은 드물다. 이야기는 (우리가 언제나, 누구나, 필연적으로 저지를 수밖에 없는) '최초의 범죄'로 시작된다. 이 범죄는 주인공을 고향의 안온한 삶에서 밀어내고, 그를 길 위로 떠밀어낸다. 이어지는 것은 구원을 향한 갈망, 그리고 '고향'으로 돌아가려는 쉼 없는 여정이다. 여기서 말하는 고향은 단순한 장소가 아니다. 그것은 하나님의 은총으로, 자신의 본질로 되돌아가려는 몸부림이다.

나는 특히 두 번째 죄에 대한 경고, '가장 고귀한 태양신의 소를 도살하였고'가 인상 깊다고 생각한다. 그것은 영혼을 파괴하는 중대한 죄악이며, 신성한 것을 세속적인 목적에 사용하는 행위다. 곧, 매춘이고, 자기 자신을 파는 일이다.

마지막은 시인이 자신의 작품에 담는 소망이다. "이 이야기가 모든 결을 따라 우리 안에 살아 숨쉬게 하소서, 오 뮤즈여…"

그게 바로 우리가 원하는 것 아닐까? 단지 훌륭한 작품이 아니라, 살아 있는 작품. 그리고 단 하나의 관점에서가 아니라, 수많은 층위에서 살아 숨쉬는 그런 이야기.

좋다.

그럼 이제 기도도 끝났다. 준비도 되었다.

이제, 무엇을 할 차례일까?

# '일단 시작하기'의 힘

모든 창의적 행동(그리고 새로운 시작)에 있어서, 반드시 기억해야 할 기본적인 진리가 있다. 이 진리를 모르면 수많은 아이디어와 훌륭한 계획들이 빛을 보지 못하고 사라진다. 그 진리란 바로, '어떤 일에 진심으로 헌신하는 순간, 섭리 역시 그와 함께 움직이기 시작한다'는 것이다. 그가 행동하지 않았다면 결코 일어나지 않았을 모든 일이, 그를 돕기 위해 움직이기 시작한다. 단 한 번의 결정에서 수많은 사건들이 흘러나오고, 전혀 예상치 못한 만남과 사건들, 그리고 상상도 못한 방식의 도움까지 그를 향해 몰려온다. 나는 괴테의 다음과 같은 시구를 깊이 존경하게 되었다. "할 수 있는 일이 있거든, 혹은 할 수 있다고 꿈꾸는 일이 있거든, 지금 당장 시작하라. 대담함 안에는 천재성과 마법, 그리고 힘이 있다. 지금 시작하라."

―W. H. 머리, 『스코틀랜드 히말라야 원정기』 중에서

빔 벤더스<sup>Wim Wenders</sup> 감독의 영화 『베를린 천사의 시<sup>Wings of Desire</sup>』를 본 적이 있는가?(맥 라이언과 니콜라스 케이지가 출연한 『시티 오브 엔젤』은 그 영화의 미국 리메이크다.) 나는 그 영화가 현실이라고 믿는다. 천사는 실제로 존재한

다. 그들은 여기 있다. 단지 우리가 볼 수 없을 뿐이다.

천사는 하나님을 위해 일한다. 그들의 역할은 우리를 돕는 것이다. 우리를 깨우고, 앞으로 밀어주고, 계속 가게 만든다. 천사는 '진화의 대리인'이다. 유대교 신비주의 사상인 카발라Kabbalah에서는 천사를 지성과 의식을 의미하는 '빛의 다발'로 묘사한다. 카발라 신도들은 모든 풀잎 위에 "자라라! 자라라!"라고 외치는 천사가 있다고 믿는다. 나는 여기서 한 걸음 더 나아가고 싶다. 나는 인류 전체 위에 하나의 대천사가 있다고 믿는다. 그리고 그 천사는 이렇게 외친다. "진화하라! 진화하라!"

천사는 뮤즈와 같은 존재다. 그들은 우리가 모르는 것을 알고 있고, 우리를 돕고 싶어 한다. 그들은 유리창 너머에서 우리의 주의를 끌기 위해 목청껏 외치고 있다. 하지만 우리는 그들의 목소리를 듣지 못한다. 우리 내면의 소음과 혼란이 귀를 가로막고 있기 때문이다.

하지만 우리가 무언가를 시작하는 순간, 상황은 달라진다.

우리가 두려움을 무릅쓰고 어떤 일에 헌신하기로 결단하면, 놀라운 일이 벌어진다. 마치 병아리가 알껍질 안에서 첫 번째 균열을 낼 때처럼, 단단한 막에 하나의 틈이 생긴다. 그러면 천사 산파들이 우리 곁에 모여든다. 그리고 우리가 스스로를 탄생시키도록 돕는다. 우리가 태어날 때부터 예정되어 있었던 존재, 우리의 영혼에 각인된 운명, 다이몬, 천재성이 세상 밖으로 나올 수 있도록.

우리가 뭔가를 시작하는 순간, 우리는 스스로의 방해에서 벗어나 천사들이 다가와 그들의 일을 할 수 있도록 허락하는 셈이 된다. 이제 그들은 우리에게 말을 걸 수 있고, 그것은 그들을 기쁘게 한다. 하나님 역시 기뻐하신다. 블레이크의 말처럼, '영원'이 시간 속으로 향하는 문을 연 것이다.

그리고 그 문을 통해 들어온 존재가 바로, 우리다.

# 일을 계속하게 만드는 마법

나는 하루의 작업을 마치면 언덕에 올라 하이킹을 시작한
다. 그럴 때면 주머니에 작은 녹음기를 꼭 챙겨 간다. 걸음
을 옮기다 보면 머릿속의 겉도는 생각들이 하나둘 비워지
고, 그 자리에 훨씬 더 깊은 차원의 목소리가 떠오르기 때문
이다.

"342페이지에 썼던 단어 'leer'은 'ogle'로 바꿔야겠어."

"21장에서 같은 내용을 반복했어. 마지막 문장은 7장 중간 문
장과 거의 똑같아."

언덕을 오르다 보면 이런 생각들이 떠오른다. 사실 이런 건 우
리 모두에게 매일, 매 순간 찾아온다. 지금 내가 쓰고 있
는 이 문단 역시, 어제 그 '목소리'가 나에게 불러준 것이며 원
래 있던, 더 약했던 장의 서두를 대체하고 있다. 나는 지금 녹
음기를 재생하면서, 거기 담긴 더 나은 문장들을 풀어내는 중
이다.

이런 자기 수정과 자기 교정의 과정은 너무 자주 일어나기 때문에 대부분 스스로 눈치 채지도 못한다. 하지만 이건 분명 하나의 기적이며, 그 의미는 실로 놀랍다.

그렇다면 이런 수정을 하고 있는 건 누구일까? 도대체 어떤 힘이 우리 소매를 붙잡고 방향을 틀게 만드는 걸까?

우리가 따로 의식적으로 노력하거나 생각하지 않아도, 머릿속 어딘가에서 누군가가 슬며시 말을 걸어와 조언을 건넨다. 그리고 그 조언은 때로 너무나 지혜롭다. 우리의 정신 구조는 도대체 어떻게 되어 있기에 이런 일이 가능한 걸까? 이 목소리는 누구의 것일까? 우리가 일상에 몰두해 있는 사이, 대체 어떤 내면의 '소프트웨어'가 돌아가고 있는 걸까? 무엇이 기가바이트 단위로 스캔을 돌리며, 우리 대신 방향을 잡고 있는 걸까?

이들은 천사일까?

뮤즈일까?

무의식인가?

혹은 진정한 '자기Self'일까?

그것이 무엇이든 간에, 우리보다 똑똑한 것은 분명하다. 훨씬 더 똑똑하다. 우리가 무엇을 하라고 지시할 필요도 없다. 그것은 스스로 일하러 간다. 그것은 일하고 싶어 하는 것처럼 보인다. 심지어 그 일을 즐기는 것 같기까지 하다.

그럼, 그것은 정확히 무슨 일을 하고 있는 걸까?

정리를 하고 있다.

정리의 원칙은 자연에 내재되어 있다. 혼돈조차도 스스로 정돈되는 성질을 갖고 있다. 태초의 무질서 속에서 별들은 궤도를 찾아내고, 강은 스스로 길을 내 바다로 흘러간다.

신이 그러하듯, 우리가 하나의 우주를 창조하려 할 때—그것이 책이든, 오페라든, 새로운 벤처 사업이든—똑같은 원리가 작동하기 시작한다. 시나리오는 자연스럽게 3막 구조로 자리를 잡고, 교향곡은 여러 악장으로 형태를 갖춘다. 배관 자재 사업은 최적의 유통 구조를 발견한다. 어떻게 이런 일이 가능할까? 바로 '아이디어'가 떠오르기 때문이다. 면도를 하거나, 샤워를 할 때, 심지어는 실제로 일하는 도중에도 머릿속에 불현듯 통찰이 스친다. 이런 통찰을 선물하는 요정들은 꽤나 영리하다. 우리가 무언가를 잊으면, 그들은 다시 떠올리게 해주고, 우리가 길을 벗어나면, 조용히 방향을 다듬어 원래의 궤도로 되돌려 놓는다.

그렇다면, 이 모든 현상에서 우리는 어떤 결론을 얻을 수 있을까?

우리의 의식과는 별개로 존재하면서도, 동시에 우리의 의식과 분명히 연합하고 있는 어떤 '지능'이 있다. 그것은 우리를 위해, 그리고 우리와 함께, 우리의 재료를 처리해주고 있는 것이다.

그래서 예술가는 겸손하다. 그들은 자신이 무언가를 '창조'한다기보다, 누군가가 불러주는 것을 받아 적고 있다는 사실을 잘 알고 있다. 또한 이것이 '비예술가'들이 '예술가'를 싫어하는 이유이기도 하다. 질투 때문이다. 자신들은 결코 닿을 수 없는, 어떤 영감과 에너지의 '망'에 예술가와 작가들만 연결되어 있다고 느껴지기 때문이다.

물론, 이는 전부 헛소리다. 우리 모두는 창조적이다. 우리 모두는 같은 정신 구조를 갖고 있다. 이런 작고도 놀라운 기적들은 우리 모두의 머릿속에서, 매일같이, 매 순간마다 일어나고 있다.

# 라르고

이십 대 시절, 나는 노스캐롤라이나 더럼에 있는 '버튼 라인
스'라는 회사에서 대형 트럭 운전을 했다. 나는 그 일을 잘 해
내지 못했고, 자기파괴적인 악마들에게 사로잡혀 있었다. 나
와 같은 고속도로에 있었던 불쌍한 운전자들이나 나 자신
이 죽지 않고 무사히 지나온 건, 전적으로 눈먼 행운 덕분이
었다. 그때는 정말 힘든 시기였다. 가진 돈도 바닥났고, 아내
와 가족도 멀어져 있었다. 그러던 어느 날 밤, 나는 이런 꿈
을 꿨다.

나는 항공모함의 승무원 중 한 명이었다. 그런데 배가 육지
에 갇혀 있었다. 여전히 전투기를 이륙시키며 제 역할을 다
하고 있었지만, 바다에서 반 마일쯤 떨어진 채 고립되어 있었
다. 선원들은 모두 이 상황이 얼마나 비정상적인지 알고 있었
고, 그로 인한 고통을 날카롭고 끊임없이 느끼고 있었다. 그 속
에서 단 하나의 희망은 '라르고'라는 별명을 가진 해병대 포
병 상사였다. 꿈속에서도 그 이름은 믿을 수 없을 만큼 멋지
게 느껴졌다. 라르고. 나는 그 이름을 사랑했다. 그는 마치 영
화『지상에서 영원으로 $^{From\ Here\ to\ Eternity}$』*에서 버트 랭카스터가 연

기한 '워든'처럼, 강인한 선임 하사관의 전형이었다. 함선에 있는 사람들 중 상황을 정확히 꿰뚫고 있는 단 한 사람. 실제로 모든 결정을 내리고, 상황을 관장하는 터프한 고참이었다.

그런데 라르고는 어디에 있는 걸까? 나는 난간 옆에 서서 비참한 기분에 잠겨 있었고, 그때 선장이 다가와 말을 걸었다. 놀랍게도, 선장조차 길을 잃은 듯했다. 그는 이 배의 지휘관이었지만, 이 거대한 함선을 육지에서 어떻게 빼내야 할지 모르는 것 같았다. 나는 그와 말을 주고받는 것이 긴장되었고, 무슨 말을 해야 할지 떠오르지 않아 당황했다. 그런데도 그는 개의치 않는 듯, 아무렇지 않게 나를 돌아보며 이렇게 말했다. "이제 대체 뭘 어떡하면 좋을까, 라르고?"

나는 마치 전기에 감전된 듯한 기분으로 잠에서 깨어났다. 라르고라니? 내가 바로 그 터프한 포병 상사였던 것이다. 지휘권은 내 손에 있었고, 내가 해야 할 일은 단 하나, 그 사실을 믿는 것이었다.

그렇다면 이 꿈은 어디서 온 걸까? 그 의도가 선¹한 것은 분명했다. 그렇다면 그 출처는 무엇일까? 또 이런 일이 실제로 일어난다는 사실은, 우리가 사는 이 우주의 작동 방식에 대해 무엇을 말해주는 걸까?

---

＊ 1953년 작 전쟁 영화. 제2차 세계대전이 한창이던 1941년, 일본의 진주만 공습 몇 달 전을 배경으로 하고 있다.

다시 말하지만, 우리 모두는 이런 꿈을 꾼 적이 있다. 그리고 이런 일들은 먼지처럼 흔하다. 매일 아침 떠오르는 태양도 마찬가지다. 그렇다고 해서 기적이 아닌 것은 아니다.

노스캐롤라이나로 가기 전, 나는 루이지애나주 뷰라스 근처 유전에서 일한 적이 있었다. 그때 나는 다른 떠돌이들과 함께 임시 막사에서 지냈다. 그중 한 명이 뉴올리언스 서점에서 명상에 관한 대중서를 집어 왔고, 나에게 명상하는 법을 가르쳐 주기 시작했다. 그래서 나는 퇴근 후, 부두에 나가 명상을 시도하곤 했다. 그러던 어느 밤, 이런 환상이 찾아왔다.

> 다리를 꼬고 앉아 명상하고 있었고, 그 순간 독수리 한 마리가 날아와 내 어깨에 앉았다. 그리고 그 독수리가 나와 하나가 되었다. 이제 내 머리는 독수리의 머리였고, 내 팔은 날개가 되어 있었다. 그 체험은 너무나도 생생해서, 나는 내 날개 아래의 공기를 온전히 느낄 수 있었다. 마치 노를 저을 때 물이 손에 닿는 것처럼 단단하고 밀도 높은 공기였다. 그 공기가 나를 떠받치고 있었던 것이다. '아, 새는 이렇게 나는 거구나', 나는 새가 하늘에서 떨어지지 않는 이유를 이해했다. 그저 날개만 펼치면 된다. 그 단단한 공기가 차창 밖으로 손을 내밀었을 때 느껴지는 그 힘처럼 새를 받쳐주고 있었던 것이다. 내 머릿속에서 재생되는 영화같은 이 환상은 인상

적이었지만, 그것이 어떤 의미인지는 도무지 알 수 없었다. 그래서 나는 독수리에게 물었다. "이봐. 내가 여기서 어떤 교훈을 얻어야 하는 거지?" 그러자 한 목소리가 (소리 없이) 이렇게 대답했다. "네가 얻어야 할 교훈은 이거야. 공기처럼 아무것도 아닌 것처럼 보이는 것도 사실은 실체적이고 견고한 힘이라는 것이지. 마치 네가 발을 딛고 있는 이 땅처럼 말이야."

나는 그제야 그 환상의 의미를 완전히 이해할 수 있었다. 독수리는 내게 말하고 있었다. 지금까지 내가 환상이나 착각이라며 경멸해온 것들, 즉 꿈이나 비전이나 명상 같은 것들이 현실의 삶에서 마주하는 그 어떤 것보다도 실제로 존재하는, 단단하고 견고한 실체라는 사실을.

나는 그 메시지를 믿었다. 그 말은 내 마음에 깊이 새겨졌다. 어떻게 믿지 않을 수 있었을까? 나는 내 팔로, 날개 아래 공기의 단단함을 직접 느꼈다. 그 독수리가 말하는 것이 진실이라는 것을 나는 온몸으로 알 수 있었다.

그리고 결국, 나는 다시 같은 질문을 떠올릴 수밖에 없었다. 그 독수리는 도대체 어디에서 온 것일까? 왜 그는 바로 그때, 내가 가장 필요로 하던 순간에 나타나 내가 가장 들어야 할 메시지를 들려준 것일까?

분명 어떤 보이지 않는 지성이 존재하고 있었다. 그 지성은 내가 이해할 수 있도록 독수리라는 형상을 만들어, 내 앞에 보냈다. 그 존재는 마치 어린아이를 돌보듯 나를 이끌어 주고 있었다. 메시지는 너무나 단순하고 명확했다. 그 내용은 기본적이고도 직관적이어서, 그 당시처럼 깊이 잠들고, 무감각했던 나조차도 결국에는 그것을 이해할 수밖에 없도록 만들어 주었다.

# 삶과 죽음

톰 러플린<sup>Tom Laughlin</sup>이 주연했던 영화『빌리 잭<sup>Billy Jack</sup>』을 기억하는가? 그 영화와 속편들은 이제 케이블 채널로 자리를 옮긴 지 오래지만, 톰 러플린은 여전히 건재하다. 그는 배우일 뿐 아니라 강연자이자 저자이며, 융 심리학을 공부한 심리상담가다. 그의 전문 분야는 암 선고를 받은 환자를 대상으로 한 심리상담이다. 그는 워크숍을 진행하고 가르치는 일을 하기도 한다. 나는 그가 다음과 같은 말을 하는 것을 들은 적이 있다.

"말기 암 선고를 받는 순간, 사람의 내면에는 커다란 전환이 일어납니다. 의사의 진찰실에서 단 한마디를 듣는 것만으로도, 그동안 미처 알지 못했던 '진짜 중요한 것'이 무엇인지 뚜렷하게 보이기 시작하죠. 불과 1분 전까지만 해도 인생의 전부 같던 일들이 갑자기 아무 의미도 없어지고, 오히려 그동안 하찮게 여겨왔던 사람들과 일들이 인생에서 가장 중요한 무게를 가지게 됩니다."

어쩌면 그는 이번 주말 회사에 예정되어 있던 거래가 그렇게까지 중요하지 않다는 사실을 깨달을지도 모른다. 그보다는 나라 반대편에 있는 손자의 졸업식에 참석하는 게 더 중요하다고 생각했을지 모른다. 어쩌면 아내와 말싸움에서 이기는 게 그렇게까지 중요하지 않다고 느꼈는지도 모른다. 그보다 중요한 건 아내가 그에게 얼마나 소중한 존재인지, 그리고 그가 얼마나 그녀를 오래, 깊게 사랑해왔는지 전하는 것이라고 생각했는지 모른다.

말기 진단을 받은 환자는 또 이런 생각을 하게 된다. 자신에게 있는 음악적 재능은 어떻게 되는 걸까? 한때 병든 이들과 노숙자를 돕고 싶었던 그 열정은 어디로 사라진 걸까? 왜 살아보지 못한 인생들이 지금 이토록 강렬하고 절박하게 되살아나는 걸까?

톰 러플린은 말한다. 죽음이 가까이 다가오면, 우리는 그동안 당연하다고 여겨왔던 모든 전제들에 대해 의문을 품는다. 내 삶은 어떤 의미였을까? 나는 제대로 살았던 걸까? 아직 끝내지 못한 중요한 일이 남아 있진 않을까? 끝내 전하지 못한 말이 있진 않을까? 그리고 지금, 너무 늦어버린 건 아닐까?

톰 러플린은 인간 정신의 구조를 하나의 도식으로 제시한
다. 아래 그림은 융의 이론에서 파생된 모델이며, 그 구조
는 대략 다음과 같다.

융에 따르면 '자아$^{Ego}$'란 우리가 흔히 '나'라고 여기는 정신
의 일부분이다. 의식적인 지능, 즉 우리의 일상 속에서 생각
하고 계획하고 하루를 운영하는 그 정신이다.

반면, 융이 말하는 '자기$^{self}$'는 자아를 포함하면서도 훨씬 더 큰 실체다. 개인적인 무의식뿐 아니라 집단적 무의식까지 아우른다. 꿈과 직관은 '자기'에서 비롯되며, 무의식의 원형들도 이곳에 머문다. 융은 이 영역을 '영혼의 자리'라 여겼다.

톰 러플린에 따르면, 우리가 곧 죽을지도 모른다는 사실을 깨닫는 바로 그 순간, 우리 의식의 중심이 이동한다.

의식이 '자아'에서 '자기'로 옮겨가는 것이다.

'자기'의 관점에서 세상을 바라보는 순간, 세상은 완전히 다르게 보인다. 우리는 단번에 진짜 중요한 것이 무엇인지 분별하게 되고, 이전까지 집착하던 피상적인 관심사들은 힘을 잃는다. 그 자리에 더 깊고 근원적인 관점이 자리잡기 시작한다.

톰 러플린 재단은 그런 방식으로 암과 싸운다. 그는 내담자들에게 의식의 전환을 단지 마음속에서만 일으키지 말고, 삶으로 실천하라고 조언한다. 그래서 어떤 이는 오랜 공백 끝에 사회복지사로 복귀하고, 어떤 이는 바이올린을 꺼내 들며, 어떤 이는 베트남전의 기억을 바탕으로 첫 소설을 쓰기 시작한다.

그러자 놀랍게도, 암이 완화된다. 완전히 회복되는 경우도 있다. 톰 러플린은 묻는다. 혹시 병 자체가, 우리 삶에서 어떤 선택을 했거나, 혹은 하지 않았기 때문에 발생한 결과는 아니었을까? 살아보지 못한 인생이 암이라는 형태로 우리에게 복수한 건 아닐까? 그렇다면 지금, 우리가 그 인생을 진짜 살아내는 것으로 스스로를 치유할 수 있는 건 아닐까?

# 자아와 자기

내 생각은 이렇다. 천사는 '자기$^{Self}$'에 거처를 두고, 저항은 '자아$^{Ego}$'에 자리를 잡는다.

싸움은 이 둘 사이에서 일어난다.

'자기'는 창조하고, 진화하길 원한다. '자아'는 모든 것이 지금 이대로 머무르기를 바란다.

그렇다면 '자아'란 정확히 무엇인가? 이 책은 내 책이니, 내 방식대로 정의해 보겠다.

'자아'는 물질적 세계를 믿는 정신의 한 부분이다.

'자아'의 역할은 현실 세계의 일을 관리하는 것이다. 이건 중요한 역할이다. '자아' 없이 우리는 하루도 버티기 어렵다. 그런데 현실 세계 외에도 존재하는 다른 차원들이 있다. 그리고 그 지점에서, '자아'는 벽에 부딪히기 시작한다.

'자아'는 다음과 같은 믿음을 바탕으로 존재한다.

1) **죽음은 실제다.** 자아는 우리의 존재가 육체에 의해 정의
   된다고 믿는다. 몸이 죽으면, 우리도 끝이다. 삶 너머
   의 다른 삶은 없다고 여긴다.

2) **시간과 공간은 실제다.** 자아는 아날로그적이다. A에서 Z
   로 가기 위해서는 반드시 B, C, D를 거쳐야 한다고 믿
   는다. 아침을 먹고 저녁을 맞이하려면 하루를 통째
   로 살아내야 한다고 생각한다.

3) **모든 사람들은 서로 다르고, 분리되어 있다.** 자아는 나와
   당신은 구별된다고 믿는다. 둘은 결코 하나가 될 수 없
   다. 나는 당신을 다치게 할 수 있고, 그것이 나에게는
   아무런 영향을 주지 않는다고 생각한다.

4) **삶의 주된 충동은 '자기 보존'이다.** 육체라는 껍질 속에
   갇힌 우리의 존재는 수많은 위험 앞에 너무도 취약하
   다. 그래서 우리의 삶과 모든 행동은 결국 두려움에서
   비롯된다. 그래서 죽은 뒤에도 대를 이을 자녀를 남기
   고, 우리가 세상을 떠난 후에도 남을 위대한 일을 성
   취하며, 차를 탈 때는 안전벨트를 매라고 자아는 말한
   다. 그것이 현명한 삶이라고.

5) **신은 존재하지 않는다.** 자아에게 있어서 물리적인 영역 외의 차원은 없다. 물질세계의 법칙 외에는 아무런 규칙도 존재하지 않는다.

이렇듯 자아는 이성적이고 단단한 원칙들을 따라 작동한다.

이에 반해 '자기'는 다음과 같은 믿음을 가진다.

1) **죽음은 환상이다.** 영혼은 무한한 형태로 모습을 바꾸며, 계속해서 존재하고 진화한다.

2) **시간과 공간은 환상이다.** 시간과 공간은 오직 물리적인 세계에서만 작동한다. 그러나 그마저도 꿈이나 환상, 의식의 이동에는 적용되지 않는다. 다른 차원에서 우리는 '생각처럼 빠르게' 움직이며, 동시에 여러 세계에 존재할 수 있다.

3) **모든 존재는 하나다.** 내가 당신을 다치게 하면, 나 역시 다친다.

4) **가장 숭고한 감정은 사랑이다.** 서로 간의 연대와 상호 지지는 삶의 본질이며, 우리는 모두 이 여정에 함께한다.

5) **신이 모든 것이다.** 존재하는 모든 것은 형태는 다르지만 모두 신의 일부다. 우리는 신이라는 신성한 바탕 위에

서 살아가고, 움직이며, 존재한다. 이 우주에는 무한한 차원의 현실이 존재하며, 그 모든 차원은 신의 영으로 창조되고, 유지되며, 생명을 부여받는다.

# '자신'의 경험

술에 취했다는 영어 속어들이 왜 하나같이 파괴적인 느낌을 지니는지 생각해 본 적 있는가? 'Stoned', 'smashed', 'hammered', 이 모든 표현은 사실 '자아Ego'에 관한 말이다. 우리가 술에 취할 때, 폭파되고stoned, 산산조각 나고smashed, 짓이겨지는hammered 건 자아다. 우리는 자아를 무너뜨려야만 비로소 '자기Self'에 도달할 수 있다.

'자기'의 가장자리, 그 경계는 신성한 근원에 맞닿아 있다. 그곳에는 신비, 공허, 그리고 무한한 지혜와 의식이 있다.

꿈은 '자기'에게서 온다. 아이디어도 마찬가지다. 우리가 명상을 할 때, 금식할 때, 기도하거나 영적 순례를 떠날 때, 우리가 찾고자 하는 대상은 늘 '자기'다. 수피 교도가 빙글빙글 춤을 출 때, 요가 수행자가 주문을 읊을 때, 힌두교 수도승이 제 살을 베어낼 때, 고행자가 무릎으로 수십 마일을 기어갈 때, 아메리카 원주민이 태양의 춤을 추며 자신의 피부를

찢을 때, 혹은 평범한 교외의 아이들이 엑스터시를 복용하고 밤새도록 파티에서 춤을 출 때, 그들 모두는 단 하나를 향해 나아가고 있다. 바로 '자기'다. 우리는 그 '자기'와 만나기 위해, 의식을 어떻게든 바꾸려 하고, 넘어서려 한다. 심지어 알코올 중독자가 도랑에 쓰러졌을 때 그의 귓가에 속삭이는 구원의 목소리조차 바로 '자기'로부터 오는 것이다.

자기는 우리의 가장 깊은 존재다. 자기는 신과 하나로 연결되어 있다. 자기는 거짓을 행할 수 없다.

자기는 그것을 관통하는 신성한 근원처럼, 끊임없이 성장하고 진화한다.

자기는 미래를 말한다. 자아는 그것을 혐오한다.

자아는 자기를 싫어한다. 왜냐하면 우리가 의식을 '자기' 위에 둘 때, 자아는 설 자리를 잃기 때문이다.

자아는 우리가 진화하는 것을 원치 않는다. 지금 이 순간 우리를 움직이는 주체는 자아이며, 자아는 지금의 상태가 변하지 않기를 바란다.

우리를 예술로 이끄는 본능은 진화하고, 배우고, 의식을 고양시키려는 내면의 충동에서 비롯된다. 자아는 이것을 두려워한다. 우리가 깨어날수록, 자아는 더 이상 필요 없기 때문이다.

자아는 각성한 작가가 타자기 앞에 앉는 순간을 싫어한다.

자아는 화가 지망생이 이젤 앞에 서는 순간을 싫어한다.

자아는 알고 있다. 이들이 무언가로부터 부름을 받고 있다는 것을. 그 부름이란, 물질의 세계보다 더 고귀하고, 더 깊고, 더 강력한 차원에서 오는 목소리라는 것을.

자아는 선지자와 예언자를 미워한다. 그들이 인류를 더 높은 곳으로 끌어올리기 때문이다 자아는 소크라테스와 예수, 루터와 갈릴레오, 링컨과 케네디, 마틴 루터 킹을 미워한다.

자아는 예술가를 증오한다. 예술가란 미래를 여는 개척자이자, 운반자이기 때문이다. 모든 예술가는 제임스 조이스의 말을 빌려, 감히 이렇게 선언한다. "나는 내 영혼의 대장간에서, 아직 창조되지 않은 인류의 양심을 단련하리라."

이러한 진화는 자아에게 있어 생존을 위협하는 일이다. 그래서 자아는 반격한다. 교활함을 끌어 모으고, 병력을 정비한다.

자아는 저항을 만들어내어, 깨어나려는 예술가를 공격한다.

# 두려움

저항은 두려움을 먹고 산다. 우리는 저항을 '두려움'이라는 형태로 경험한다. 그런데 우리는 도대체 무엇이 그렇게 두려운 걸까?

가슴이 시키는 일을 따르는 것에 대한 두려움. 파산의 두려움. 빈곤의 두려움. 빚더미에 오를까 봐 생기는 두려움. 스스로 해보려다 무너져 무릎 꿇게 될까 봐, 혹은 결국 포기하고 다시 기어들어가야 할까 봐 느끼는 두려움. 이기적이라는 소리를 들을까 봐, 형편없는 아내, 불성실한 남편이 될까 봐, 가족을 제대로 부양하지 못할까 봐, 내 꿈 때문에 가족의 꿈을 짓밟을까 봐 생기는 두려움. 민족을, 이웃을, 친구를 배신하는 것에 대한 두려움. 실패할까 봐, 우스꽝스러워질까 봐, 죽도록 애써서 쌓아올린 교육과 훈련, 사랑하는 사람들의 희생으로 가능했던 기회를 허무하게 버려버릴까 봐 생기는 두려움. 텅 빈 공허 속으로 몸을 던지는 것에 대한 두려움. 너무 멀리 가버리는 것에 대한 두려움. 더는 되돌릴 수 없는 지점을 넘어버릴까 봐, 되물릴 수 없고, 철회도 못하고, 평생 그 어리석은 선택의 대가를 안고 살아야 할까 봐 생기는 두려움. 광기에 대한 두려움. 미쳐버리는 것에 대한 두려움. 그리고, 결국 죽음에 대한 두려움.

이것들은 모두 충분히 심각한 두려움들이다. 하지만 진짜 두려움은 따로 있다. 두려움 중의 두려움, 모든 공포의 어머니라 할 그 감정은 너무 가까이에 있어 말로 꺼내도 스스로 믿기 힘들 정도다.

그것은 바로 우리가 진짜로 성공할지도 모른다는 두려움이다.

스스로도 은밀히 알고 있는 그 힘에, 자신이 실제로 닿게 될지도 모른다는 공포다.

마음 깊은 곳에서 '이게 진짜 나야'라고 느꼈던 그 사람이 되어버릴지도 모른다는 두려움이다.

이것은 인간이 맞닥뜨릴 수 있는 가장 두려운 가능성이다. 왜냐하면 그것은 인류의 정신 속 깊이 5천만 년 동안 각인되어온 부족적 본능으로부터 (상상 속에서는) 단번에 추방당하는 일이기 때문이다.

우리는 우리가 생각했던 것보다 훨씬 더 뛰어난 존재일 수 있다는 사실을 두려워한다. 부모나 자녀, 선생님이 우리에게서 보았던 모습보다 훨씬 더 큰 가능성을 지녔을지도 모른다는 생각이 두렵다. 조용히, 그러나 분명하게 내면에서 들려오는 그 작은 목소리가 말하는 재능이 정말 우리 안에 존재할지도 모른다는 사실이 무섭다. 우리에겐 실제로 용기와 인내심, 그리고 능력이 있을지도 모른다. 우리는 진심으로 원하는 대로 배를 몰고, 깃발을 꽂고, 약속의 땅에 도달할 수 있을지도 모른다. 우리가 이러한 가능성을 두려워하는 이유는, 만약 이것이 사실이라면 우리는 지금까지 우리를 정의해 왔던 모든 것으로부터 소외되기 때문이다. 우리는 보이지 않는 경계를 넘어선다. 그리고 마침내, 우리는 괴물이 된다. 혹은, 괴물처럼 강력한 존재가 된다.

우리가 자신의 이상을 진심으로 받아들이는 순간, 우리는 이제 그 이상에 합당한 존재임을 스스로 증명해야 한다. 그리고 바로 그 생각이, 우리를 두렵게 만든다. 우리는 과연 어떻게 될 것인가? 우리는 친구들을 잃고, 가족들도 잃게 될 것이다. 그들은 더 이상 우리를 알아보지 못할 것이다. 결국 우리는, 누구의 손도 닿지 않는 별이 총총한 차가운 공허 속에, 아무것도 가진 것 없이, 아무도 곁에 없이, 완전히 홀로 남게 될 것이다.

물론, 우리는 정확히 그런 상황을 맞이하게 된다. 그러나 여기에, 우리가 미처 알지 못했던 진실이 숨어 있다. 우리는 그 차가운 공간에 도달하지만, 혼자가 아니다. 그곳에는 고갈되지 않는, 사라지지 않는, 다함이 없는 지혜와 의식, 그리고 동행이 기다리고 있다. 그렇다, 우리는 친구를 잃는다. 하지만 전혀 예상치 못한 곳에서 새로운 친구들을 만나게 된다. 그리고 그들은 더 나은 친구, 더 진실한 동반자가 된다. 우리 역시 그들에게 더 나은 존재가 되어간다. 더 진실하고, 더 충실한.

당신은 내 말을 믿을 수 있겠는가?

# 진정한 자기

혹시 자녀를 키우고 있는가?

그렇다면 어느 아이도 백지 상태로 태어나지 않는다는 사실을 알고 있을 것이다. 모든 아이는 태어나는 순간부터 뚜렷하고 고유한 성격과 쉽게 바뀌지 않는 정체성을 갖고 이 세상에 나온다. 그 정체성은 너무도 단단해서 우주 먼지를 뿌려도 불덩이를 던져도 단 1밀리미터도 바꿀 수 없다. 모든 아이는 태어나는 순간부터 자기 자신이다. 유전자가 완전히 일치하는 일란성 쌍둥이조차, 태어난 첫날부터 전혀 다른 존재로 살아간다. 그리고 그 차이는 시간이 갈수록 더 뚜렷해진다.

개인적으로 나는 시인 워즈워드 Wordsworth 의 이 말에 깊이 동의한다.

> 우리의 탄생은 그저 잠과 망각일 뿐.
> 우리와 함께 떠오른 영혼, 인생이라는 별은
> 이미 다른 곳에서 졌으며, 아득한 곳에서 우리에게로 다가온다.

완전히 잊힌 것도 아니요, 모두 벗겨진 것도 아니다.
우리는 영광의 구름을 끌며 온 존재.
우리의 본향이신, 하나님으로부터 왔다.

다시 말해, 우리는 세상이 우리에게 각인을 찍어주기를 기다리는 수동적이고 무색무취한 존재로 태어나지 않았다. 우리는 이미 고도로 정제되고, 개성 넘치는 영혼을 지닌 채 이 세상에 도착한 것이다.

이 사실은 이렇게도 말할 수 있다. 우리에게는 무한한 선택지가 있는 것이 아니다.

우리는 원한다고 해서 무엇이든 될 수 있는 존재가 아닌 것이다.

우리는 이 세상에 각자 고유하고도 구체적인 운명을 지닌 채 태어난다. 우리에겐 해야 할 일이 있고, 실현해야 할 부름이 있으며, 도달해야 할 '자기'가 있다. 우리는 요람에서부터 이미 우리 자신이었고, 그 존재로 살아가야 할 운명을 타고난 것이다.

이 세상에서 우리가 해야 할 일은, 머릿속에 그려둔 이상적인 모습으로 자신을 억지로 빚어내는 것이 아니다. 이미 우리 안에 존재하는 '진짜 나'를 알아내고, 그 존재로 살아가는 것이다.

우리가 화가로 태어났다면, 화가가 되는 것이 우리의 임무다.

우리가 아이를 돌보고 키우는 사람으로 태어났다면, 어머니가 되는 것이 우리의 소명이다.

우리가 세상의 무지와 불의를 전복하기 위해 태어났다면, 그 사명을 자각하고, 지금 바로 그 일을 시작하는 것이 우리의 과제다.

# 영역와 서열

동물의 세계에서 모든 개체는 두 가지 방식 중 하나로 자신을 규정한다. 하나는 무리 안에서의 서열을 통해 자신을 정의하는 방식이다. 예를 들어, 닭의 쪼기 순서나 늑대 무리 내에서의 위치가 이에 해당한다. 또 다른 하나는 자신이 속한 특정한 영역과의 연결을 통해 정체성을 형성하는 방식이다. 서식지나 사냥터, 혹은 자신만의 텃밭이 그런 예이다.

인간과 동물 모두 이러한 방식으로 심리적인 안정감을 얻는다. 영역과 서열을 통해 자신이 어디에 서 있는지를 알게 되고, 그로 인해 세상이 어떻게 돌아가는지 이해할 수 있게 되기 때문이다.

두 가지 방식 중에서 서열 중심의 방식이 마치 기본 값처럼 우리가 아주 어릴 때부터 자동적으로 작동하기 시작한다. 우리는 자연스럽게 무리나 파벌을 이루고, 깊이 생각하지 않아도 누가 우두머리이고 누가 약자인지 본능적으로 알아차린다. 그리고 우리는 자신이 어디쯤에 속해 있는지도 안다. 우리는 마치 본능처럼, 운동장이나 친구 무리, 동아리와 같은 공간에서 자신의 위치에 따라 자신을 정의하게 된다.

우리가 '영역'과의 연결성으로 자신을 정의하기 시작하는 것은 보통 인생 후반, 인생학교에서의 고되고 엄격한 수업을 겪은 뒤에야 비로소 가능해진다.

그리고 이런 변화는, 우리 중 몇몇에게는 말 그대로 생명을 구하는 일이 되기도 한다.

# 서열 중심의 자기 인식

대부분의 사람들은 자신도 모르는 사이에 자신을 '서열'로 정의하고 있다. 그러지 않고 살기란 사실상 거의 불가능하다. 학교, 광고, 그리고 물질주의 문화 전체가 우리를 태어날 때부터 훈련시킨다. "이 맥주를 마셔봐, 이 직장을 가져봐, 이렇게 꾸며봐. 그러면 모두가 널 좋아할 거야."

그렇다면, 서열이란 무엇인가?

할리우드는 전형적인 서열 사회다. 워싱턴도 그렇고, 월가도 그렇고, '미국 혁명의 딸들The Daughters of the American Revolution'* 도 마찬가지다.

고등학교는 그야말로 궁극의 서열 구조 사회다. 그리고 그 구조는 언제나 작동 중이며 좁은 연못일수록 서열 중심적 사고방식이 더 잘 작동한다. 치어리더는 자기 자리를 정확히 알고 있고, 체스 동아리의 '찐따'도 마찬가지다. 각자 자기 '틈새'를 찾아낸 것이다. 시스템은 그렇게 굴러간다.

---

* 미국 독립전쟁에 참전한 인물들의 후손으로 구성된 명문 여성 단체로, 보수성과 위계질서로 유명하다.

그러나 서열 중심의 사고방식에는 결정적인 문제가 있다. 숫자가 지나치게 많아지면, 이 시스템은 더 이상 작동하지 않게 된다는 것이다. 먹이사슬식 서열로 질서를 유지할 수 있는 닭의 수에는 한계가 있다. 롱 아일랜드의 마사페쿠아 고등학교에서는 내 자리를 찾는 것이 어렵지 않다. 하지만 맨해튼으로 이사하게 되면 이야기가 달라진다. 뉴욕 시는 서열로 사람을 구분하기에는 너무나 거대하다. IBM도 마찬가지고, 미시간 주도 마찬가지다. 이처럼 방대한 군중 속에서 한 개인은 압도당한다. 그는 이름 없는 존재처럼 느껴진다. 대중 속에 잠식되고, 방향을 잃는다.

인간은 진화적으로 대략 20명에서 800명 정도로 구성된 무리 속에서 가장 편안하게 기능하도록 설계된 듯하다. 많게는 수천 명, 혹은 수만 명까지는 버틸 수 있을지 모른다. 하지만 어느 순간, 한계에 도달하게 된다. 우리의 뇌는 그렇게 많은 얼굴을 기억하고 구분할 수 없기 때문이다. 결국 우리는 혼란스러운 채로 허우적대며, '지위의 배지'를 반짝이며 과시한다. ("이봐, 내 고급 차 어때?") 그리고는 왜 아무도 관심을 두지 않는지 의아해 한다.

우리는 이제 대중 사회에 진입했다. 서열을 매기기엔 규모가 너무 커져버렸다. 과거의 서열체계는 이제 더 이상 작동하지 않는다.

# 예술가와 서열

예술가가 자기 자신을 서열 속에서 정의하는 일은 치명적이다.

왜 그런지 함께 살펴보자. 먼저, 서열 중심의 사고방식에서 어떤 일이 벌어지는지를 보자.

서열 속 자신의 위치로 스스로를 정의하는 사람은 다음과 같은 행동을 하게 된다.

1) 항상 경쟁 속에 있다. 자신보다 위에 있는 사람을 꺾어 올라가려 하고, 아래에 있는 사람은 밟고 눌러 자신의 자리를 지키려 한다.

2) 행복, 성공, 성취를 오직 서열로 평가한다. 서열이 높을수록 만족감을 느끼고, 낮을수록 비참함을 느낀다.

3) 다른 사람을 오직 그 사람의 서열로 판단하고 대한다. 그 외의 어떤 요소도 중요하지 않다.

4) 자신의 모든 행동을 타인의 반응에 따라 결정한다. 그는 다른 사람을 위해 행동하고, 입고, 말하고, 생각한다.

그러나 예술가는 자신의 노력이나 소명을 타인의 인정을 통해 입증할 수 없다. 내 말이 믿기지 않는다면 반 고흐에게 물어보라. 그는 걸작을 수없이 남겼지만, 평생 단 한 점도 팔지 못한 채 생을 마감했다.

예술가는 '영역'을 기반으로 활동해야 한다. 그는 오직 그 일 자체를 사랑하기 때문에 일해야 한다.

사랑이 아닌 다른 이유로 예술에 종사한다면, 그것은 매춘과 다름없다. 태양신의 소를 굶주림 때문에 도살했던 오디세우스의 부하들이 어떤 운명을 맞았는지 떠올려보라.

> 자기 무지로 스스로를 파멸로 내몬 자들이여. 어리석기 그지없구나! 태양신의 거룩한 소를 먹을 고기로 도륙하다니. 그리하여 태양은 그들의 귀환의 날을 지워버렸다.

서열의 세계에 갇힌 예술가는 시선을 바깥으로 돌린다. 새로운 사람을 만나면 그는 자신에게 묻는다. '이 사람이 내게 어떤 이익을 줄 수 있을까?', '이 사람을 통해 내 입지를 어떻게 높일 수 있을까?'

서열의 세계에서 예술가는 위와 아래만을 바라본다. 그가 끝내 바라보지 못하는 유일한 곳, 그러나 반드시 바라보아야 할 곳은 바로 자기 자신의 내면이다.

# '삯꾼'의 정의

나는 로버트 맥키에게서 '삯꾼'의 정의를 배웠다. 그에 따르면, 삯꾼$^{hack}$이란 독자가 무엇을 원할지 미리 짐작하며 글을 쓰는 작가를 뜻한다. 그는 글을 쓸 때, 자신의 마음에 무엇이 있는지를 묻지 않는다. 대신 시장이 무엇을 원하는지를 묻는다.

삯꾼은 관객을 얕잡아본다. 그는 자신이 그들보다 우월하다고 생각한다. 하지만 진실은, 그가 관객을 두려워한다는 것이다. 더 정확히 말하면, 관객 앞에서 자신의 진짜 모습을 드러내는 것을 두려워한다. 자신이 정말로 느끼는 것, 믿는 것, 흥미롭다고 생각하는 것을 쓰는 게 두려운 것이다. 그게 팔리지 않을까 봐 걱정하는 것이다. 그래서 그는 시장(이 단어가 상징하는 바는 중요하다)이 원하는 것이 무엇일지 미리 짐작하고, 그걸 만들어 관객에게 바친다.

다시 말하자면, 삯꾼은 서열 중심의 사고방식으로 글을 쓴다. 그는 타인의 눈에 잘 보일 만한 글을 염두에 두고 쓴다.

'나는 어떤 글을 쓰고 싶은가? 무엇이 중요하다고 생각하는가?'라고 스스로에게 묻지 않는다. 대신 이렇게 묻는다. '요즘 뭐가 핫하지? 이걸로 무슨 계약을 따낼 수 있을까?'

삯꾼은 여론조사를 살펴본 뒤에야 입장을 정하는 정치인과 같다. 그는 선동가이자, 아첨꾼일 뿐이다.

이런 식으로 사는 것도 나름의 보상을 안겨준다. 현대 문화가 워낙 피폐하다 보니, 머리만 잘 굴리면 삯꾼으로도 수백만 달러를 벌 수 있다. 그러나 그렇게 '성공'하더라도 결국엔 지는 것이다. 왜냐하면 당신은 뮤즈를 팔아넘긴 것이기 때문이다. 뮤즈란 바로 당신 자신이다. 당신 안의 가장 고귀한 부분, 가장 뛰어나고 진실된 작업이 흘러나오는 유일한 근원이다.

『배거 밴스의 전설』에 대한 아이디어가 떠올랐을 때, 나는 배고픈 시나리오 작가로 전전긍긍하고 있었다. 그런데 그 아이디어는 영화가 아닌, 책의 형태로 다가왔다. 나는 소속사 에이전트를 만나 이 '나쁜 소식'을 전했다. 우리는 둘 다 알고 있었다. 첫 소설은 쓰는 데 시간이 오래 걸리고, 설령 완성해도 거의 팔리지 않는다는 것을. 더욱이 그게 '골프'에 관한 이야기라면? 설사 출판사를 찾는다 해도, 뻔했다. 곧장 헐값 처리 코너로 직행할 운명이었다.

하지만 나는 이미 뮤즈에게 완전히 사로잡힌 상태였다. 그래서 쓸 수밖에 없었다. 놀랍게도 그 책은, 지금껏 내가 했던 어떤 작업보다 평단의 평가도 좋았고, 상업적으로도 성공했다. 이런 행운을 누린 사람이 나 하나만은 아니다. 그 이유가 뭘까? 내가 내린 최선의 결론은 이것이다. 나는 '될 것 같은 것'을 믿은 게 아니라, '내가 진짜 원하는 것'을 믿었다. 내가 진심으로 흥미롭다고 느끼는 이야기를 썼고, 그에 대한 반응은 신들의 손에 맡겼다.

예술가는 서열을 기준으로 일할 수 없다. 그는 '영역'을 기준으로 일해야 한다.

# 영역에 따른 자기 인식

우리 집 근처 언덕에는 다리가 하나 없는 코요테가 산다. 동네의 모든 쓰레기통은 그의 차지다. 그건 그의 '영역'이다. 가끔 네 다리가 온전한 침입자가 그걸 차지하려고 시도하지만, 번번이 실패한다. 자신의 땅에서는 절뚝발이도 무적이기 때문이다.

인간에게도 각자의 영역이 있다. 다만 우리의 영역은 심리적인 공간이다. 스티비 원더의 영역은 피아노고, 아놀드 슈워제네거의 영역은 체육관이다. 빌 게이츠는 마이크로소프트사 주차장에 차를 댈 때마다, 거기가 자신의 영역임을 안다. 그리고 내가 책상에 앉아 글을 쓰기 시작할 때, 나는 내가 내 영역에 있다는 걸 느낀다.

영역은 어떤 특성을 가지고 있을까?

1) **영역은 우리에게 자양분을 준다.** 러너들은 '영역'의 개념을 완벽히 이해한다. 암벽 등반가도, 카약을 타는 이

도, 요가 수행자도 마찬가지다. 예술가와 기업가 역시 자신의 영역이 무엇인지 알고 있다. 수영을 마치고 수건으로 몸을 닦는 수영선수는, 30분 전 피곤하고 짜증 섞인 얼굴로 수영장에 뛰어들던 그 사람과는 전혀 다른 사람이다. 그는 훨씬 더 나아진, 회복된 자신으로 돌아왔기 때문이다.

2) **영역은 외부의 어떤 도움 없이도 우리를 지탱해 준다.** 그 자체로 완결된 피드백 순환 구조를 가지고 있기 때문이다. 우리가 해야 할 일은 그저 정성과 사랑을 쏟는 것이다. 그러면 그 영역은 그것을 고스란히 흡수해, 활력과 회복의 형태로 우리에게 되돌려준다. 전문가들이 운동이나 그 밖의 노력을 요하는 활동이 우울을 날려준다고 말할 때, 바로 이런 원리를 말하는 것이다.

3) **영역은 오직 혼자서만 차지할 수 있다.** 파트너와 팀을 이루거나 친구와 함께 운동할 수도 있지만, 그 영역의 에너지를 흡수하는 데 필요한 사람은 단 한 명, 바로 자신뿐이다.

4) **영역은 오직 '일'로만 차지할 수 있다.** 아놀드 슈워제네거가 체육관에 들어설 때, 그곳은 분명 그의 무대다. 하지만 그곳이 진짜 그의 것이 된 건, 수년간 흘린 땀과 수많은 시간의 노력이 있었기 때문이다. 영역은 무언

가를 먼저 주지 않는다. 다만, 먼저 쏟아부은 만큼 되돌려줄 뿐이다.

5) **영역은 당신이 쏟은 만큼 정확히 되돌려준다.** 영역은 공정하다. 당신이 들인 모든 에너지는 단 1g도 빠짐없이 당신의 계좌에 정확히 쌓인다. 영역은 절대 가치를 잃지 않는다. 무너지는 법도 없다. 당신이 예치한 만큼, 1달러당 1달러로 그대로 돌아온다.

당신의 영역은 무엇인가?

# 예술가의 영역

창조의 행위는 본질적으로 '영역'과 맞닿아 있다. 임신부가 새로운 생명을 몸 안에 지니고 있듯, 예술가나 혁신가 역시 새로운 생명을 자신의 내면에 간직하고 있다. 그 생명을 세상에 내놓는 일에는 누구의 도움도 받을 수 없다. 사실 도움이 필요하지도 않다.

예술가와 임신부는 하늘의 보호 아래 있다. 자연의 지혜는 그 안의 생명이 아가미에서 폐로 호흡을 전환해야 할 시점을 안다. 작고 여린 손톱이 처음 나타날 순간까지, 마치 초침처럼 때를 정확히 알고 있는 것이다.

예술가가 서열 중심으로 행동하면, 그는 뮤즈의 흐름을 끊어 버리게 된다. 그건 뮤즈를 모욕하는 것이고, 그녀를 심히 노하게 만드는 일이다.

예술가와 어머니는 창조의 '통로'이지, 원천은 아니다. 그들은 새로운 생명을 창조하는 것이 아니라, 다만 그것을 품고, 세상에 낳을 뿐이다. 그래서 출산은 언제나 겸허한 경험이 된다. 아이를 품에 안은 엄마는 팔에 안긴 작은 기적을 바라보며 경이로움에 눈물을 흘린다. 그 생명이 자기 몸에서 나왔음을 알지만, 자기에게서 비롯된 것이 아님을 알기 때문이다. 자신을 통과해 세상에 나온 것이지, 자신이 만든 것이 아니기 때문이다.

예술가가 자신의 영역에서 일할 때, 그는 하늘을 경외하는 마음으로 임한다. 우주를 움직이는 신비한 힘들과 조화를 이루며, 그 힘들이 자신을 통해 새로운 생명을 탄생시킬 수 있도록 자신을 내어놓는다. 성과나 보상이 아닌, 그 작업 자체를 위해 몰두함으로써 그 신비한 힘에 자신을 온전히 바치는 것이다.

예술가인 우리도 사실 아는 것이 거의 없다. 매일이 시행착오이고, 매일이 감으로 버텨내는 시간이다. 그런 우리가, 삯꾼이 관객의 취향을 짐작하듯 뮤즈의 뜻을 예단하려 든다면 그것은 하늘을 깔보는 행위다. 신성모독이며, 거룩함에 대한 모욕이다.

그러니 우리도 이제 이렇게 자신에게 물어보자. 마치 아기를 품은 어머니처럼 말이다. "내 안에서 자라고 있는 건 무엇일까?" 그것이 내게 어떤 이득을 줄지, 내 위치를 얼마나 높여줄지 따지기 전에, 그 자체로 세상에 나올 수 있게 해주자. 가능하다면, 그 존재 자체를 위해 꺼내 보자.

# 영역과 서열의 차이

내가 지금 어떤 방식으로 세상을 바라보고 있는지, 즉 영역 중심인지 서열 중심인지 알아보는 방법이 있다. 가장 쉬운 방법은 이런 질문을 던져보는 것이다. "나는 불안함을 느낄 때 주로 어떤 행동을 할까?" 만약 친구 여섯 명에게 차례로 전화를 걸어 그들의 목소리를 들으려 한다면, 그리고 그 과정에서 '아직도 나를 좋아해 주는구나'하고 안심하고 싶어진다면, 나는 지금 서열 중심적인 사고방식 속에 있는 것이다.

그것은 타인의 인정을 통해 나 자신을 확인하려는 모습이기 때문이다.

엉망진창으로 하루가 흘러가는 날, 아놀드 슈워제네거는 어떻게 할까? 그는 친구들에게 전화를 돌리기보다 조용히 체육관으로 향할 것이다. 주변에 아무도 없어도, 누구와 한마디 나누지 않아도 괜찮다. 그는 운동 그 자체만으로도 자신이 다시 중심을 되찾을 수 있다는 걸 잘 알고 있다.

그의 중심축은 '영역'에 있기 때문이다.

또 하나 확인해 볼 수 있는 질문이 있다. "내가 이 세상에 혼자 남은 마지막 사람이라 해도, 과연 지금 하고 있는 이 일을 계속할까?"

세상에 나 혼자뿐이라면, 서열 중심의 사고방식은 아무 의미가 없다. 비교할 사람도, 인정해 줄 사람도 없기 때문이다. 그런데도 내가 지금 하고 있는 그 일을 계속할 것 같다면, 축하한다. 당신은 그 일을 진짜 자기 영역 안에서 하고 있는 것이다.

만약 아놀드 슈워제네거가 지구에 남은 마지막 사람이라 해도, 그는 여전히 헬스장에 갈 것이다. 스티비 원더 역시 여전히 피아노 앞에 앉아 건반을 두드릴 것이다. 그들을 지탱해 주는 힘은 다른 사람에게 남기는 인상이 아니라, 그 행위 그 자체에서 나오기 때문이다. 내 친구 중엔 옷에 푹 빠진 사람이 있다. 그녀가 세상에 마지막으로 남은 여자라면? 아마도 곧장 지방시나 입생로랑 매장으로 달려가 문을 부수고 들어간 뒤, 신나게 옷을 쓸어 담을 거다. 하지만 그건 다른 사람에게 잘 보이기 위해서가 아니다. 그녀는 그저 옷을 사랑할 뿐이다. 그게 바로 그녀의 '영역'이기 때문이다.

이제 우리 자신을 예술가로서 평가해 보자.

우리는 과연 어떤 방식으로 일하고 있는가? 서열 중심으로 일하는가? 아니면, 자기만의 '영역'을 지키며 일하는가? 혼란스럽고 불안한 날, 우리는 어디로 향하는가?

만약 세상에 우리 혼자만 남는다면, 우리는 여전히 작업실에 나가 그림을 그리고, 연습실에 들어가 몸을 움직이고, 실험실로 가서 연구를 계속할까?

# 최고의 덕목

누군가 스파르타의 왕 레오니다스에게 물었다. "전사의 모든 덕목 중에서 가장 으뜸이 되는 것은 무엇입니까?" 그는 이렇게 대답했다. "죽음을 두려워하지 않는 것이다."

예술가인 우리에게 그 말을 바꿔 적용하자면, "실패를 두려워하지 않는 것"이 가장 중요한 덕목이다. 우리의 관심을 '영역', 즉 오로지 자신의 생각과 행동, 그리고 작업 그 자체가 요구하는 것에만 집중할 수 있다면, 우리는 방패를 두드리고 창을 휘두르는 적들의 발밑에서 그들을 지탱하고 있던 땅을 조용히 걷어낼 수 있다.

# 노동의 열매

크리슈나가 아르주나*에게 우리가 하는 노동에 대한 권리는 우리에게 있지만 그 결과물에 대한 권리는 우리에게 없다고 말했을 때, 그는 전사에게 서열이 아닌 영역의 방식으로 행동하라고 조언한 것이다. 우리는 부나 관심, 박수를 위해서가 아니라 그 일 자체를 위해서 일을 해야 한다.

그런데 여기, 위계와 영역을 모두 넘어선 제3의 길이 있다. 그것은 바로, 일을 하고 그 일을 그냥 신에게 바치는 것이다. 신에게 드리는 제물처럼 그 일을 수행하는 것이다

> 나에게 그 일을 맡겨라.
> 희망과 자아를 벗어내고,
> 너의 영혼에 집중하라.
> 나를 위해 행동하고, 나를 위해 일하라.

어차피 그 일은 하늘로부터 오는 것이다. 그렇다면 그 일을 하늘로 돌려주는 게 맞지 않겠는가?

---

* 『바가바드 기타』의 주요 인물로, 크리슈나는 신(神), 아르주나는 인간 영웅이다.

『바가바드 기타』는 이렇게 일하는 것이 바로 '명상'이며, 가장 궁극적인 영적 헌신이라고 말한다. 나는 이것이 더 높은 현실의 경지에 가장 부합한다고 믿는다. 사실, 우리는 신비의 하인이다. 우리는 이 땅에 무한無限의 대리인으로서 존재하기 위해 왔고, 아직 세상에 없지만 결국 이 세상에 나올 것들을 창조하기 위해 여기에 있다.

우리가 내쉬는 숨, 뛰는 심장박동, 세포 하나하나의 진화는 모두 신에게서 비롯되며, 매 순간 신에 의해 유지된다. 마찬가지로, 모든 창조물과 발명, 음악 한 소절과 시 한 줄, 모든 생각과 비전, 환상, 모든 어리석은 실패와 천재적인 발상도, 우리를 창조하고 모든 차원의 우주를 창조한 그 무한한 지성에서 나온다. 그 지성은 무한한 잠재력의 장, 원초적 혼돈, 뮤즈로부터 비롯된 것이다. 그 현실을 인정하고, 우리의 자아를 지우며, 일이 우리를 통해 그저 흐를 수 있도록 하는 것, 그것이 자유롭게 그 원천으로 돌아갈 수 있도록 하는 것, 내 생각에는 그것이야 말로 현실에 가장 충실한 일의 방식이다.

# 예술가의 초상

우리는 결국 예술가의 세계에 대한 하나의 '모범'에 도달하게 된다. 그 모범은 우리가 증명할 수는 없지만, 우리의 삶과 작업, 예술이 흘러나오는 더 높은 차원의 현실들이 존재한다는 걸 알게 해준다. 이 차원들은 우리와 소통하려 한다. 블레이크가 "영원은 시간의 창조물을 사랑한다"라고 말했을 때, 그는 시간도 없고, 장소도 없으며, 공간도 없는 순수한 '잠재성의 차원'에 대해 이야기한 것이다. 그 차원들은 그들의 비전을 이 세계로 가져오고 싶어 한다. 이 세상은 시간과 공간이라는 개념에 갇혀 있다는 걸 알면서도, 그 비전을 이곳에 실현시키기 원한다.

예술가는 그 차원의 의도, 천사들, 그리고 뮤즈의 하인일 뿐이다. 예술가의 적은 바로 자신의 작은 자아이다. 그것은 저항을 낳고, 저항은 금괴를 지키는 용처럼 광폭하게 싸운다. 그러므로 예술가 또한 전사가 되어야 한다. 그리고 모든 전사가 그러하듯, 예술가는 시간이 지남에 따라 겸손함과 겸양을 배운다. 어떤 예술가는 종종 대중 앞에서 우쭐대기도 한다. 그러나 그조차도 진짜 일 앞에서는 순결하고 겸손해 진다. 자신의 창조물의 출처가 자신이 아님을 알고 있기 때문이다. 그들은 그저 창조를 가능하게 해준 '통로'이자 '그릇'이다. 그들은 자신이 섬기는 신과 여신들의 뜻을 기꺼이 실현하는 솜씨 좋은 도구일 뿐이다.

# 예술가의 삶

당신은 타고난 작가인가? 이 세상에 화가로, 과학자로, 혹은 평화의 사도가 되기 위해 태어났는가? 그 답은 오직 행동만으로 알 수 있다.

하든지, 아니면 하지 않든지.

이렇게 생각해 보면 도움이 될 수 있다. 만약 당신이 암을 치료하거나 교향곡을 작곡하거나 냉융합 문제를 해결하기 위해 태어났는데 그것을 하지 않는다면, 당신은 자신만을 해치는 것이 아니다. 결국 스스로를 파괴하게 될 뿐만 아니라 당신의 자녀들, 이 책을 쓰는 나, 이 지구까지도 해치는 것이다.

그것은 당신을 지켜보는 천사들을 부끄럽게 하고, 당신을 창조한 전능한 신을 모욕하는 일이다. 신은 오직 당신만이 가진 독특한 재능을 당신에게 선물로 주었다. 신이 그렇게 한 유일한 목적은 인류가 자신을 향해 아주 조금이라도 더 돌아오도록 하기 위함이었다.

창작은 이기적인 행위도, 단순히 주목받기 위한 시도도 아니다. 그것은 이 세상과 그 안의 모든 존재에게 주는 귀중한 선물이다. 당신이 주어야 할 선물을 우리로부터 빼앗지 마라. 당신의 가진 것을 우리에게 보여 주어라.

# 감사의 말씀

저작물 인용을 허락해 주신 데 대해 깊이 감사드리며, 다음과 같이 출처를 밝힌다.

**Boogie Chillen**(부기 칠렌 / 21쪽)
작사·작곡: 존 리 후커John Lee Hooker/버나드 베스만Bernard Besman
© 1998 Careers-BMG Music Publishing, Inc. (BMI)
모든 권리 보유. 허가를 받아 인용.

**Working Class Hero**(워킹 클래스 히어로 / 60쪽)
© 1970(Renewed) 요코 오노Yoko Ono, 션 레논Sean Lennon, 줄리언 레논Julian Lennon. 저작권은 Sony/ATV Music Publishing, 8 Music Square West, Nashville, TN 37203에서 관리. 모든 권리 보유. 허가를 받아 인용.

**The Big Chill**(더 빅 칠 / 86쪽)
로렌스 캐스던Lawrence Kasdan의 허가를 받아 인용.
© 1983. 모든 권리 보유.

**The Searchers**(수색자 / 144쪽)
저자: 프랭크 S. 뉴전트Frank S. Nugent © 1956

**Xenophon: Volume VII - Scripta Minora**(크세노폰 / 148쪽)
로엡 고전 총서Loeb Classical Library 제183권, E.C. 마천트E.C. Marchant 번역, 하버드 대학교 출판부Harvard University Press, 케임브리지, 매사추세츠, 1925, 1968. Loeb Classical Library®는 하버드 대학 이사회의 등록 상표. 출판사 및 Loeb Classical Library 관리인의 허가를 받아 인용.

**Phaedrus and the Seventh and Eighth Letters**(파이드로스 / 158쪽)

플라톤Plato 저, 월터 해밀턴Walter Hamilton 번역,

펭귄 클래식Penguin Classics, © Walter Hamilton, 1973

Penguin Books Ltd.의 허가를 받아 약 94단어(p. 48)를 인용함.


**The Scottish Himalayan Expedition**(스콜랜드 히말라야 원정기 / 170쪽)

저자: W. H. 머리W. H. Murray

© 1951 J. M. 덴트 앤드 선즈 유한회사J. M. Dent and Sons, Ltd.


**Aristotle: Volume XIX – Nichomachean Ethics**

(니코마코스 윤리학/ 윤리학에 관한 언급들에서)

Loeb Classical Library 제73권, H. 래컴H. Rackham 번역,

하버드 대학교 출판부, 케임브리지, 매사추세츠, 1926

Loeb Classical Library®는 하버드 대학 이사회의 등록 상표.

출판사 및 Loeb Classical Library 관리인의 허가를 받아 인용.

# 더피어오르기위한전쟁

| | |
|---|---|
| 초판 인쇄 | 2025년 5월 1일 |
| 1쇄 발행 | 2025년 5월 25일 |

| | |
|---|---|
| 지은이 | 스티븐 프레스필드 |
| 옮긴이 | 송은혜 |
| 펴낸이 | 이송준 |
| 펴낸곳 | 인간희극 |
| 등록 | 2005년 1월 11일 제319-2005-2호 |
| 주소 | 서울특별시 동작구 사당동 1028-22 |
| 전화 | 02-599-0229 |
| 팩스 | 0505-599-0230 |
| 이메일 | humancomedy@paran.com |

ISBN 978-89-93784-86-2  03320

• 잘못 만들어진 책은 구입하신 곳에서 바꾸어 드립니다.
• 값은 표지에 표기되어 있습니다.